Anshu Shekhar

Naciones Colonizadas y Poesía Comprometida: Neruda y Raghuvir Sahay

Anshu Shekhar

Naciones Colonizadas y Poesía Comprometida: Neruda y Raghuvir Sahay

Estudios Literarios Indo-hispánicos: Poesía de Pablo Neruda y Raghuvir Sahay

PUBLICIA

Imprint
Any brand names and product names mentioned in this book are subject to trademark, brand or patent protection and are trademarks or registered trademarks of their respective holders. The use of brand names, product names, common names, trade names, product descriptions etc. even without a particular marking in this work is in no way to be construed to mean that such names may be regarded as unrestricted in respect of trademark and brand protection legislation and could thus be used by anyone.

Cover image: www.ingimage.com

Publisher:
PUBLICIA
is a trademark of
International Book Market Service Ltd., member of OmniScriptum Publishing Group
17 Meldrum Street, Beau Bassin 71504, Mauritius

Printed at: see last page
ISBN: 978-620-2-43196-5

Zugl. / Aprobado por: Nueva Delhi, Universidad Jawaharlal Nehru (JNU), Tesis Doctoral, 2019

Dedicado
a
Mi media naranja

Prólogo

Este libro tiene como objetivo establecer una relación entre las realidades sociopolíticas y las respuestas literarias de los dos territorios colonizados, es decir, el continente latinoamericano y la India. Pretende contribuir a los estudios literarios indohispánicos realizando un estudio a fondo de la poesía de compromiso social que alimentó tanto la literatura latinoamericana como la hindi con un gran sentido de responsabilidad hacia su gente, con realismo social, con preocupación por el pueblo y por la sociedad en general.

El libro ofrece un estudio profundizado de dos bardos inspiradores, Pablo Neruda (Chile) y Raghuvir Sahay o रघुवीर सहाय (India). Hay varias características similares entre los dos poetas, teniendo en cuenta sus escritos, estilo, motivación, circunstancias y factores sociopolíticos, en virtud de los cuales ambos poetas tienen el mismo título, a saber, el «poeta comprometido» en sus respectivas literaturas. Este hecho proporciona la base para el estudio comparativo de su poesía de compromiso. Este tipo de estudio, que implica el establecimiento de una semejanza directa en varios aspectos de ambos poetas, sigue estando sin explorar en el ámbito de los estudios literarios indohispánicos.

Me gustaría expresar mi agradecimiento profundo a Dr. Rajiv Saxena, Catedrático en el Centro de Estudios Hispánicos (Universidad Jawaharlal Nehru) quien dirigió mi tesis doctoral, y sin cuyo apoyo no habría sido posible realizar este libro que se basa en mi estudio de doctorado. Dr. Saxena me brindó valiosos consejos desde la concepción a la terminación de este proyecto, animándome en todo momento con su generosa perseverancia. Me siento afortunado de recibir su guía experta en este esfuerzo académico. No quisiera dejar de reconocer la inmensurable y muy significative aportación de mi media naranja, Sra. Divya Saloni. A ella le debo una eterna gratitud por constantemente alentarme y apoyarme académicamente y emocionalmente. Sin su apoyo, hubiera sido dificultoso convertir este libro en realidad. Las palabras se quedan cortas e inadecuadas para agradecer el apoyo moral y la inspiración que recibí de mis padres, mis suegros y toda la familia.

Asimismo quisiera hacer constar mi deuda de gratitud a Sr. Ehtesham Hashmi quien me ayudó con sus sugerencias útiles y me mantuvo motivado a realizar este libro con mis mejores esfuerzos posibles. Agradezco también a mi hermano menor Shubham Shekhar y mis estrechos amigos Deepak Mishra y Shashi Ranjan Tiwari por hacer extendido su significativo apoyo en distintas maneras en la realización de este libro.

Índice

Introducción

«Un poeta que no tenga sensibilidad social, ni represente la voz del corazón colectivo, poco ha de tener de poeta verdadero»[1]

La literatura es por su propia naturaleza un arte social comprometido con los valores humanos. La imagen del poeta como un cantante ocioso en la torre de marfil y un vendedor de ilusiones no resulta sostenible en el contexto moderno. La publicación de una obra es esencialmente un acto de comunicación a través del cual el poeta o escritor busca imponer su personalidad y visión de la vida a la sociedad. En literatura, el compromiso indica una ideología firmemente sostenida y una perspectiva adherida con celo y dedicación. La intensidad del compromiso surge del sentido del fervor moral y la rectitud. La convicción va unida al compromiso.

La literatura del compromiso, popularizada en la era inmediatamente posterior a la Segunda Guerra Mundial, cuando los existencialistas franceses, en particular Jean-Paul Sartre, reanimaron la idea de la responsabilidad seria del artista a la sociedad. La idea es una aplicación al arte de un principio existencialista básico: que una persona se defina por conscientemente comprometiéndose en la acción premeditada. La posición era una reacción contra el credo del «arte por el arte» y contra el artista «burgués», cuya obligación era hacia su arte más que su auditorio.

En literatura, la poesía es «el espacio que nos permite conocernos a nosotros mismos y (re) experimentar las condiciones en las que vivimos, así como emprender la creación de nuevas ideas y formas de percibir el mundo - todos los componentes necesarios al mantenimiento continuo y la transformación».[2] La *Poesía de compromiso* (प्रतिबद्ध कविता o pratibaddha kavitā) constituye uno de los géneros célebres poéticos en la literatura. Es un arte social comprometido con los valores humanos. Su papel como medio potente de comunicación conlleva más responsabilidad que privilegio para el poeta. Tiene una gran importancia social. No se refiere a la poesía de bellas imágenes, de palabras reconfortantes o metáforas sorprendentes, sino a la poesía de revolución que significa ser política

[1] Ramiro Lagos. *Mester de rebeldía de la poesía hispanoamericana* (Ediciones Dos Mundos: Madrid, 1973), 19.
[2] Adrienne Rich. *Poetry and Commitment* (New York: W. W. Norton & Company, 2011), 29.

y pretende mover a la gente a la acción - es decir, la poesía que espera cambiar las cosas y renovar el mundo.

Compromiso en la poesía representa una mentalidad básica, la genuina devoción del poeta a una causa y sus convicciones. Denota una promesa vinculante, que implica una posición clara en un problema específico que surge de una profunda conciencia de las diversas dimensiones de los temas en cuestión. Según *Dictionary of Literary Terms and Literary Theory*, «Un poeta comprometido es quien, a través de su trabajo, se dedica a la defensa de ciertas creencias y programas, especialmente aquellos que son políticos o ideológicos y en ayuda de la reforma social»[3] (traducido por mí).

Compromiso «es una conciencia, una actitud, un reconocimiento claro y sentimental de estar plenamente presente en el momento, elegir el momento y defender las consecuencias de estas elecciones, ya sean anticipadas o no»[4]. En una espectacular explosión semántica de las palabras, «Compromiso» contiene en sí mismo una sorprendente variedad de nuevos significados. Ha planteado una serie de problemas literarios y los escritores han elegido apasionadamente las diferentes caras del problema. Los poetas no viven en el vacío. Son sensibles al mundo que los rodea de una forma más aguda que la de otras personas. Por eso, sus obras soportan el impacto de sus tiempos. Sin embargo, reflejando el estado de ánimo más profundo de su época, los poetas también formarán sus tiempos. Por lo tanto, están moldeados por su edad y también moldean su edad. En una época de intensa transformación social, las fuerzas políticas y sociales ejercen una influencia considerable sobre el artista, que responde a estas fuerzas. Defieren las formas de compromiso y la alternatividad política elegidas por los poetas que viven en una época de controversia. Las consecuencias estéticas de sus elecciones forman un aspecto distintivo del estudio de la literatura. Así, el género de la poesía comprometida incluye tanto la participación consciente del artista en los asuntos sociales y políticos de su época como las obligaciones políticas específicas que el artista asume como consecuencia de esta participación.

El análisis de los males, los sufrimientos y las luchas en la sociedad lleva al rechazo violento y a la protesta. De hecho, dejar constancia de esta protesta se

---

[3] «A committed or engage writer is one who through his work, is dedicated to the advocacy of certain beliefs and programmes especially those which are political or ideological and in aid of social reform» dice J.A. Cuddon en *Dictionary of Literary Terms and Literary Theory* (London: Penguin, 2015), 139.

[4] William Horosz. *The Crisis of Responsibility: Man as the Source of Accountability* (Oklahoma: Univ. de Oklahoma, 1975), 248.

ha convertido hoy en día en una de las principales funciones de la literatura. El poeta, por su propia naturaleza, no puede evitar ser consciente de los problemas vitales que lo rodean en la esfera social y política. Así, queda claro que el compromiso se concibe como una actividad social y política. Por lo tanto, el poeta o escritor debe comprometerse con ciertos principios éticos para conservar su integridad como artista.

De esta manera, el término compromiso se utiliza como equivalente a un deber u obligación. Incluye cualquier creencia, que conlleva una obligación ya sea individual o social. El poeta se compromete a trabajar para un individuo, una ideología o una institución. Su creencia puede incluir áreas no políticas tales como la moral, la religión o la estética y sus consecuencias literarias. Ya que las implicaciones del compromiso son muy amplias, no es posible hablar del acto de compromiso sin mencionar un objeto con el que el escritor está comprometido. La pregunta, que surge inevitablemente, es ¿a qué está comprometido? Todo el arte está comprometido con los valores humanos y estéticos. En cuanto a los compromisos estéticos del artista, no hay problema. El problema surge cuando está comprometido con valores o acciones extrínsecas a las preocupaciones inmediatas de su arte, es decir, cuando se ve obligado por consideraciones no estéticas como los compromisos políticos y sociales. Si el escritor está comprometido con un claro objetivo social, al mismo tiempo se involucra con consideraciones acerca de los medios para realizarlos. El efecto del compromiso de un artista sobre su trabajo literario debe evaluarse a la luz del mérito puramente literario o artístico de su trabajo. Sólo entonces se puede decidir si su compromiso ha viciado la integridad artística de su obra y el arte se ha degradado en propaganda. El tiempo es el árbitro de esto. Si la obra retiene vida y significado aún mucho después de la resolución del problema que la originó, se puede concluir que su arte ha trascendido las contingencias de una mera propaganda. Por lo tanto, es imperativo y justificable que un escritor esté comprometido con la promoción de los valores humanos.

Dice Gaither Stewart, «La situación social de hoy obliga al poeta a examinar su posición en el mundo y su responsabilidad con otros hombres. Creo que la misma obliga a él a acercarse a su trabajo de una manera comprometida. Para resistir la tentación del compromiso y la conformidad, el poeta debe consagrarse a la autonomía de la literatura. El poeta honesto debe estar dentro de la sociedad - no en las sombras de la periferia-y él ha de decir la verdad. [...] Así, el compromiso implica que el poeta intenta resumir y luego reflejar a través de su obra una imagen de la condición humana, que también es social, sin perder de vista al individuo. Los exponentes de la literatura comprometida rechazan la falacia de que el arte es una cosa aparte; a pesar de los obstáculos que plantea la política, el arte, creo, es parte integrante de lo social».[5] (traducido por mí)

Dicho género es el sinónimo de la poesía de «causa», particularmente por la causa de la gente común. Es decir, se trata de una la poesía que aborda, con fines didácticos y revolucionarios, temas sociales y políticos, y que constituye un medio para alzar la voz contra las maldades y falacias sociales. Los personajes de la escritura comprometida «deben arraigarse firmemente dentro de la sociedad. Se enfrentan a toda la gama de problemas sociales. Los escritores comprometidos creen que la propia libertad humana es una conquista social y debe ser constantemente reclamada»[6]. (traducido por mí)

El libro aborda el compromiso social de un artista literario. La expresión «compromiso social» se usa con preferencia frente a la más familiar compromiso político, ya que el primero es más amplio, profundo y significativo que el segundo. De hecho, el compromiso social incluye hasta cierto punto también el compromiso político. Las enfermedades que afectan a cualquier sociedad son más que simples cuestiones de programas políticos o afiliación a ideologías políticas. El compromiso social está implicado con los objetivos sociales de la sociedad, ya que trata no solo con cuestiones políticas sino también con cuestiones que van más allá de lo puramente político. El compromiso social abarca todos los aspectos de la participación, y por lo tanto es más amplio en connotación, en contexto social-literario.

El compromiso social tiene tres aspectos principales, el primero es una investigación de los inconvenientes y deficiencias de la sociedad que conduce a

---

[5] «Today's social situation obligates the writer to examine his position in the world and his responsibility to other men. I believe it obligates the writer to approach his work in a committed way. To resist the temptation of compromise and conformity the writer must be devoted to the autonomy of literature. The honest writer must stand inside society - not in the shadows of the periphery - and he must tell the truth. [...] Thus commitment involves the writer's trying to summarize and then reflect through his work a picture of the human condition - which is also social - without however losing sight of the individual. Exponents of committed literature reject the fallacy that art is a thing apart; despite the obstacles politics raises, art, I believe, is part and parcel of the social». dice Gaither Stewart en «Literature: compromise and commitment». *SouthernCrossReview,* 7 de Septiembre de 2002, https://southerncrossreview.org/20/stewartessay.htm (accedido 11 de Agosto de 2017).

[6] *Ibid.* «The characters in committed writing must be firmly rooted inside society. They face the whole gamut of social problems. Committed writers believe that human freedom itself is a social conquest and must be constantly reclaimed».

la comprensión sincera del problema, el segundo, consiste en considerar y sugerir las posibles medidas correctivas para todas las enfermedades de la sociedad, y el tercero indica los métodos de implementar las soluciones. De esta forma el arte comprometido así se convierte en arte con una clara función social.

Este tipo de literatura está destinada a ser subjetiva, reflejando la postura del artista con respecto a las principales cuestiones sociales. Representa de modo muy llamativo el ardor del compromiso del artista con la sociedad. Él no busca liberarse de la esclavitud o las ataduras: es una promesa que él mismo ha hecho, no por frustración o coerción, sino por la convicción de que la sociedad puede mejorarse, siempre que haya un esfuerzo concertado por parte del artista.

El poeta o escritor, como consecuencia de su compromiso, puede exhibir un enfoque creativo en sus sugerencias proponiendo reformas positivas, a través de la literatura. Pero también puede ser negativo y destructivo cayendo en la desaprobación violenta y la protesta. La literatura así encarna el escrutinio y la crítica despiadada de los males sociales, destronando y destruyendo todos los valores indeseables. Al mismo tiempo, crear una fe positiva en la posibilidad humana de mejora y reforma es un aspecto igualmente importante e integral del arte socialmente comprometido. La reconstrucción social puede lograrse a través de diferentes medios. Con un arte socialmente comprometido, el escritor o poeta emprende un curso de acción para lograr su preciado objetivo. Esto lleva a un examen de la relación entre el arte y el compromiso, tratando de responder hasta qué punto impactan los valores estéticos cuando el escritor es un artista comprometido.

En esta elaboración debe destacarse un aspecto particular de la literatura comprometida, es decir, el realismo social. Es evidente en casi todas las piezas de literatura que se han caracterizado como arte comprometido. La literatura está comprometida con los detalles de las experiencias conocidas. Destaca la representación en el arte, con precisión y vivacidad, de la realidad cotidiana, ordinaria y contemporánea. Se presta atención a la selección del material, que normalmente se ignora o se evita y se considera sórdido, ofensivo o repulsivo. El realismo es, por lo tanto, el resultado de una apelación a la verdad obvia del mundo externo visible y debe su sustento a los principios de las ciencias también. Es importante tener en cuenta que este aspecto del realismo social tiene una connotación amplia. No es tan solo una reproducción mecánica de la realidad contemporánea. Es un proceso de mantener un historial y, sin embargo, siempre es posible una desviación basada en los compromisos del artista y las necesidades y aspiraciones de la sociedad. Esto implica más que una mera percepción. Nuevas formas de percepción, interpretación y organización son posibles y profundamente necesarias. Se hace hincapié en la representación veraz de las realidades externas, pero el talento creativo del artista puede sintetizar efectivamente los aspectos verídicos inconexos. Una visión científica puede organizarlos en un patrón claro, útil y lógico. Por lo tanto, el énfasis en la verdad lleva al realismo a estar muy por encima del realismo fotográfico, puesto que su objetividad «no es una no participación desapasionada , sino un compromiso con una lectura particular de la sociedad humana ...»[7].

El realismo social indica el compromiso del escritor con la causa del pueblo, con la sociedad en general, y su determinación de definir su papel como líder intelectual, al exponer los inconvenientes a través de sus obras y al establecer las acciones apropiadas que conducen al cambio. Obviamente, éste pertenece a la era moderna y necesita 'un correlato ideológico que es de importancia primordial', y está 'escrito en los intereses históricos de la clase marginada'. Esto altera el realismo de su sentido de la reproducción directa de la realidad observada; el realismo en cambio, se convierte en un principio y en una selección organizada. Por lo tanto, se espera una combinación adecuada de la interpretación subjetiva y objetiva por parte de un artista comprometido. Lo que dice Georg Lukács resulta significativo para aclarar este significado, «... una correcta comprensión estética de la realidad social e histórica es la condición previa del realismo»[8].

La definición del realismo como «una mayor cercanía a los hechos objetivos; Técnicas especiales para su reproducción. una perspectiva empirista: esto es el realismo ... y esto apunta a la presentación franca del mundo natural»[9] puede aplicarse a todas las formas de literatura producida por un escritor comprometido. En el nivel primario, este realismo social se ocupa de describir la vida de la gente común, reproduciendo fielmente su forma de hablar y su estilo de vida. En el nivel secundario, el realismo nos lleva a los problemas de la vida contemporánea de la gente común cuyas respuestas ante las exigencias de la vida constituyen la base de un patrón perfectamente formulado. En el nivel terciario,

---

[7] Raman Selden. *The Theory of Criticism* (London: Longman, 1988), 42.

[8] Georg Lukács. *The Meaning of Contemporary Realism* (London: Merlin Press, 1979), 97.

[9] Roger Fowler. *A Dictionary of Modern Critical Terms* (London: Routledge and Kegan Paul, 1973), 63.

el realismo conduce al territorio del naturalismo, en donde, denota la objetividad científica en las representaciones literarias y representa los trabajos empíricos.

En la poesía comprometida, se encuentra una comprensión más profunda y aguda de la vida de la clase media, su entorno y su ética, y se realiza un genuino intento de expresar problemas sociales y retratando personajes reales, e incorporando así, un elemento de propósito social y reformas en su estética. La poesía comprometida describe las actitudes de un poeta responsable que desarrolla trabajos realistas con la conciencia de su función crítica en la sociedad. El poder que está latente en cada obra de arte debe imponerse y generar la voluntad necesaria con la que se pueden realizar las reformas sociales y políticas. Según J. Cano Ballesta, «se exige una literatura que responda a las urgencias del momento. El escritor siente la necesidad de proclamar sus nuevas convicciones, de comprometer su obra, de, someterla a unos objetivos prescritos por la sociedad en lucha. En revistas y periódicos se proclama a voz en grito la intención teórica de dar una proyección artística a las urgencias políticas y sociales del momento»[10]. Básicamente, esta poesía no cree en el enfoque evasivo hacia la sociedad, sino que cumple la función de despertar la conciencia de la sociedad, empleando los versos como medios efectivos. Conduce a un importante ámbito de interpretación social del arte, realizado por el poeta.

Resulta fácil precisar la poesía de compromiso como aquella que aboga por el concepto de que el arte tiene un propósito social y que pertenece a la gente; que debe incluir todos los aspectos de la sociedad. No debe intentar excluir nada que esté relacionado con el hombre; y debe estar motivada por la idea de que el arte está comprometido con su receptor. Esto quiere decir que debe comprometer al pueblo a la revolución y transformación sin proponer la 'resignación'. Dentro del marco de la literatura comprometida,se cree que la poesía cuenta con potencial suficiente para revivir, inspirar y dar el valor suficiente para enfrentar las circunstancias desfavorables. Y lo más sobresaliente de este enfoque de la poesía es que se considera a los poetas no como simples receptores de la estética, sino como creadores de estética, aquellos que son hábiles para crear y que la sociedad respaldará o rechazará.

---

[10] J. Cano Ballesta. «La poesía comprometida y su contexto sociológico en la España de los años 30», *Centro Virtual Cervantes*, Febrero 12, 2003, https://cvc.cervantes.es/literatura/aih/pdf/04/aih_04_1_026.pdf (accedido Agosto 18, 2017).

Tanto el entero continente de América Latina como la India han sufrido enormemente durante demasiado tiempo bajo el régimen colonial. El pueblo de estos territorios colonizados compartieron muchas amargas realidades cmunes, y aguantaron a través de generaciones el atropello de la justicia, de la dignidad, el dolor y la aniquilación de su cultura y su identidad. Había profundo sentido de resentimiento y resistencia general en pueblos colonizados, mientras el mundo recibía las piezas literarias que constaban de las alabanzas de las hazañas de los colonizadores, la exaltación de los regímenes expandentes. Tales situaciones provocaron a los artistas literarios a cultivar aquella poesía que pudiera constituir la voz del pueblo colonizado, que pudiera aportar la literatura con verdadero retrato de la sociedad desde la perspectiva de los colonizados, de los de abajo. Y así, se dio lugar a la poesía de compromiso social en América Latina así como en la India.

Los dos grandes poetas Pablo Neruda y Raghuvir Sahay que pertenecen a la literatura hispana e hindi, respectivamente. Los años de actividad poética de Pablo Neruda comprenden el período 1925 – 1970, mientras que, los de Raguvir Sahay abarcan desde 1945 hasta 1980. Ambos comparten la inquietud por los sucesos que ocurren en su alrededor. Ambos tienen una experiencia de primera mano de la pobreza, de los deprimentes aspectos sociales y políticos de entonces y de los anhelos y sueños de la gente común y humilde. Sus poemas expresan tanto las aspiraciones como los resentimientos de la gente. En consecuencia, sus poemas no meramente forman parte de la idea de «arte por el arte», sino también constituyen una 'poesía de compromiso' para luchar contra los grupos que favorecen el anti-desarrollo y la desigualdad en el sistema social. Como los responsables y comprometidos poetas, tanto Pablo Neruda como Raghuvir Sahay cumplen con el compromiso socio-político de la literatura.

Pablo Neruda pertenece al movimiento surrealista y social de la literatura hispana. No debe considerarse apenas como un mero poeta de la lírica amatoria convencional, sino más bien como el portavoz de los oprimidos y explotados de su patria y como un feroz denunciador del fascismo y el despotismo, dado que su mayor esfuerzo poético está orientado hacia la lucha por la gente y la sociedad en general. Protagonizó la resistencia y la protesta a través de sus obras poéticas contra la Guerra Civil Española (1936-39) y el consecuente régimen dictatorial de Francisco Franco. Con respecto a la literatura latinoamericana, Neruda opina que tiene un papel esencial y urgente: participar en todos los esfuerzos sociales que pretenden descubrir y expresar el mundo de América Latina, para forjar una vida mejor en el continente. Esta afirmación de Neruda está bien reflejada en sus obras poéticas cuando arremete fuertemente contra el imperialismo de los EE.UU. y los regímenes dictatoriales en América Latina, cuando critica el orden político por la denegación de derechos básicos a la gente común y la opresión a que están sujetos y por la miseria y la explotación de los trabajadores y obreros. El novelista colombiano Gabriel García Márquez, reconociendo el talento poético de notable poeta chileno, le llamó «el poeta más grande e inspirado del siglo XX en cualquier idioma»[11].

Raghuvir Sahay, por otro lado, es uno de los poetas dominantes de *Prayogvād* (Experimentalismo). Su poesía es un hito en el desarrollo de Nayī Kavitā (नयी कविता). La característica misma de esta corriente es que su poesía creció acompañando y reconociendo los problemas candentes de su tiempo. Después de la independencia de la India, el movimiento de masas tomó otro giro. Desde entonces, el sentido de discordia y lucha ha venido creciendo continuamente entre la clase dominante y la gente común. De una manera inflexible y rompiendo todas las barreras, evolucionó la poesía de Sahay, convirtiéndose en parte del movimiento de masas.

Su compromiso con la sociedad y su deseo de lograr un cambio en el mundo que lo rodeaba instigó a Sahay a usar la pluma como su arma preferida. Sus escritos son una expresión de amplias y profundas preocupaciones. Sahay pertenece a una tradición de literatura que mira más hacia adelante en lugar de mirar hacia el pasado en busca de inspiración. Se trata de una literatura para quien la edad de oro vendría cuando se relizarán las aspiraciones de todos los millones de personas.

En la era posterior a la independencia, la miserable condición de los campesinos y los trabajadores acongoja al poeta, que a su vez lanza críticas severas y protesta contra la clase dominante. Su poesía se ocupa de la lucha de clases, está del lado del proletariado y favorece la igualdad y la libertad económica. A través de su poesía, arremete contra el opresivo régimen despótico de Indira Gandhi, que llevó a la imposición del estado de emergencia y la consiguiente censura y supresión de la voz. Raghuvir Sahay ha tenido éxito en presentar la verdadera situación de su tiempo, con todo su hedor y rasgos flagrantes. La poesía de Sahay también representa el papel de un periodista

---

[11] "Gabriel García Márquez entrevista a Pablo Neruda," *teleSUR tv*. 19 de Diciembre de 1971, https://youtu.be/1520QZIclml (accedido 10 de Junio de 2017).

responsable. Su poesía de protesta surge desafiando el miedo, la censura y la represión, satisfaciendo las exigencias de la poesía comprometida y progresiva de la mejor manera posible. El veterano crítico literario Vishnu Khare encuentra el compromiso como esencia principal de la poesía de Sahay, y le llama «el gran poeta comprometido después de Nagarjuna en la poesía hindi, y que es muy difícil de emular»[12].

---

[12] Vishnu Khare. *Ālochana Ki Pehli Kitāb* (Nueva Delhi: National Publishing House, 1983), 77.

HISTORIA DE POESÍA DE COMPROMISO EN LA LITERATURA LATINOAMERICANA E HINDI

Poesía de compromiso en la literatura latinoamericana

La poesía de compromiso no es un movimiento alternativo, sino coexistente con otras corrientes del pensamiento o de la estética. Si hablamos de la poesía de tal índole en la literatura hispanoamericana, podemos darnos cuenta de que esta constituye una constante histórico-literaria y si abarca todos los géneros literarios, se atrinchera en la épica y en el verso popular. De hecho, no es un fenómeno local, sino un fenómeno continental de América Latina.

Para comprender completamente la significación e importancia de la poesía de compromiso, es importante situarlo en el contexto socio-histórico del que surgió. Esto implica ver la poesía de compromiso no como un fenómeno aberrante de América Latina, sino como una consecuencia de las circunstancias sociales y políticas de la región. El concepto de compromiso social en la literatura hispanoamericana ciertamente no es nuevo y, de hecho, existe también en otras formas de expresiones artísticas.

Latinoamérica nació al impulso del compromiso, de la responsabilidad. Una preocupación social intensa ha sido la característica de la literatura latinoamericana durante los últimos ciento cincuenta años. La poesía ha jugado un papel social, con el artista actuando como guía, maestro y conciencia de su país. Jean Franco opina que, «en general, el latinoamericano ha considerado el arte como una expresión del yo total del artista: un yo que vive en una sociedad y que, por lo tanto, tiene una preocupación tanto colectiva como individual.»[13] Por el contrario, la idea de la neutralidad moral o la pureza del arte ha tenido un impacto relativamente pequeño.

Los poetas hispanoamericanos se ven perturbados por las injusticias sociales que los rodean. La pobreza y la explotación tanto de las oligarquías locales como de los intereses extranjeros, y las guerras políticas que continúan produciendo dictaduras represivas, todo esto afecta sus conciencias y sus vidas. Por lo tanto, el ámbito social del que forman parte se transforma y expresa en términos literarios.

Toda la historia de América Latina, durante el período posterior a la segunda guerra mundial está indeleblemente marcada por un espíritu indomable que se manifiesta con una resistencia encendida y fogosa ante los golpes de estado

[13] Jean Franco. *The Modern Culture of Latin America: Society and the Artist* (Frederick A. Praeger: New York, 1967), 11.

impulsados por los Estados Unidos, como es el caso en contra de Salvador Allende en Chile y también con las dictaduras y regímenes títeres respaldados por los EE.UU. en una serie de países de América Latina como Guatemala, Nicaragua, Haití, Paraguay, etc. El arte y especialmente la poesía de este período se ha alimentado y enriquecido por un sentido de responsabilidad hacia el pueblo. América Latina sufrió la peor parte de una brutal represión y explotación perpetrada por la oligarquía terrateniente y por juntas militares bajo la égida de los EE.UU. imperialistas. En consecuencia, América Latina se convirtió en el laboratorio experimental inicial para el Programa de Ajuste Estructural (PAE), con su enfoque en las políticas de globalización que implicó la privatización, las políticas neoliberales y desenfrenados movimientos de capitales. Pero pronto las devastadoras consecuencias de estas políticas saltaron a primera plana. La pobreza extrema, el desempleo, los recortes y bloqueos económicos, el número cada vez mayor de personas sin hogar y la inseguridad socio-económica provocaron resentimiento entre la gente del pueblo. Aún hoy los países de Asia, África y América Latina están sufriendo las consecuencias de estas políticas.

Por ello, el compromiso que se deriva del drama humano del continente americano desde que se origina su historia con la lucha épica entre conquistador y conquistado, implica también la lucha contra las agresiones antes mencionadas a lo largo de sucesivos. Por consiguiente la literatura latinoamericana, no solo la de la era colonial sino también la del período sigue a la independencia continúa manifestándose en las obras artísticas que levantan la voz, unas veces por las necesidades del pueblo, otras veces de protesta y resentimiento ante los fatídicos sucesos históricos.

En países como los de América Latina, donde la identidad nacional todavía está en proceso de definición y donde los problemas sociales y políticos son enormes e ineludibles, el sentido de responsabilidad del artista hacia la sociedad, y las personas no necesita justificación. Esto implicó el surgir de un nuevo tipo de poeta que no solo se preocupará por las masas sino que también se comunicaría con ellas.

Tal ha sido el caso a partir de la lucha de los territorios de España para obtener la independencia. Posteriormente hubo respuestas literarias a la Revolución Mexicana (1910-1920), a la Guerra del Chaco (1932-1935) entre Bolivia y Paraguay y a la Guerra Civil Española (1936-1939). Un ejemplo de poesía social de protesta, ya lo encontramos en el siglo XIX, en Argentina, con la obra del Gaucho Martín Fierro escrita por José Hernández en 1872.

Robert Márquez en su antología bilingüe, *Poesía Revolucionaria Latinoamericana*, demuestra que los temas de la poesía de compromiso social subrayan las consideraciones que motivaron a los escritores. Son respuestas a condiciones específicas. La declaración de Márquez proporciona un resumen adecuado de las preocupaciones de la poesía comprometida: «sus temas comprendían la intervención militar, el asesinato, la detención arbitraria, la tortura y la pobreza general típica de los regímenes reaccionarios protegidos por intereses extranjeros, hasta una acusación contra el imperialismo cultural yanqui y la ideología de la supremacía blanca, en una forma más positiva, el elogio de aquellos, como Bolívar, Sandino, Camilo Torres y el Che, que murieron luchando para realizar su visión de una sociedad más justa»[14].

En América Latina, aunque los poemas de tal carácter se remontan a la era colonial en que destaca el primer poema épico latinoamericano *La Araucana* de Alonso de Ercilla, que describe las acciones bélicas de España y exalta la bravura y audacia de los araucanos en la defensa de su tierra y su libertad:

> No las damas, amor, no gentilezas
> de caballeros canto enamorados;
> ni las muestras, regalos y ternezas
> de amorosos efectos y cuidados;
> mas el valor, los hechos, las proezas
> de aquellos españoles esforzados,
> que a la cerviz de Arauco no domada
> pusieron duro yugo por la espada [...]
>
> [...] Son de gestos robustos, desbarbados,
> bien formados los cuerpos y crecidos,
> espaldas grandes, pechos levantados,
> recios miembros, de nervios bien fornidos;
> ágiles, desenvueltos, alentados,
> animosos, valientes, atrevidos
> duros en el trabajo y sufridores
> de fríos mortales, hambres y calores.[15]

Pero, la poesía de compromiso se intensificó en el siglo XVIII; en la fase inicial los poetas emplearon los temas políticos y épicos en medio de las batallas

---

[14] Robert Márquez, *Poesía Revolucionaria Latinoamericana* (Nueva York: Monthly Review Press, 1974), 28-29.

[15] David William Foster. *Literatura Hispanoamericana: Una Antología* (Nueva York: Routledge, 2014), 82-83.

que se libraban contra España, exaltando a héroes o a las agrupaciones o partidos políticas que representaban los intereses anti-coloniales. Fue un proceso que respondía a la defensa de un proyecto de patria y al fortalecimiento de la identidad nacional, en medio de la emergencia republicana que experimentaba con las guerras de caudillos y que hizo en ocasiones retroceder los ideales de integración. En esta época encontramos al colombiano José Joaquín Olmedo con su canto a Bolívar o a José María Heredia con su poesía de patriotismo. Estos precedentes se continuaron en el ideario romántico; algunos ejemplos los podemos encontrar en el movimiento poético iniciado contra Juan Manuel de Rosas en Argentina, encabezado por José Mármol, además del tema del destierro en el que se destacan el colombiano José Eusebio Caro o el venezolano José Antonio Pérez Bonalde. Lo culminante de tales temas políticos-sociales fue evidente en la importante obra de José Martí que lanzó una nueva escritura, la de su modernismo literario, que tenía siempre como proa a la ética junto a la belleza de las formas. También habían poetas cuya poesía conllevaba un fuerte sentido de inquietud por la sociedad, sin posicionar sus obras en la de género de protesta o rebeldía. Los grandes bardos hispanoamericanos desde el Romanticismo hasta el Modernismo como el poeta colombiano Rafael Pombo con su poema «Los filbusteros» y al modernista Rubén Darío con su famoso «Oda a Roosevelt». Esta última refleja los sentimientos agudos de los latinoamericanos hace más de un siglo durante el apogeo del imperialismo estadounidense en América Latina:

> Los Estados Unidos son potentes y grandes.
> Cuando ellos se estremecen hay un hondo temblor
> que pasa por las vértebras enormes de los Andes.
> Si clamáis se oye como el rugir del león.
> Ya Hugo a Grant le dijo: Las estrellas son vuestras.
> (Apenas brilla, alzándose, el argentino sol
> y la estrella chilena se levanta...) Sois ricos.
> Juntáis al culto de Hércules el culto de Mammón
> y alumbrando el camino de la fácil conquista,
> la Libertad levanta su antorcha en Nueva York.
>
> Mas la América nuestra, que tenía poetas
> desde los viejos tiempos de Netzahualcoyotl,
> que ha guardado las huellas de los pies del gran Baco,
> que el alfabeto pánico aprendió;
> que consultó los astros, que conoció la Atlántida
> cuyo nombre nos llega resonando en Platón,
> que desde los remotos momentos de su vida
> vive de luz, de fuego, de perfumes, de amor,

la América del grande Moctezuma, del Inca,
la América fragrante de Cristóbal Colón,
la América católica, la América española,
la América en que dijo el noble Guatemoc:
«Yo no estoy en un lecho de rosas»; esa América
que tiembla de huracanes y que vive de amor;
hombres de ojos sajones y alma bárbara, vive.
Y sueña. Y ama, y vibra; y es la hija del Sol.
Tened cuidado. ¡Vive la América española!,
hay mil cachorros sueltos del León Español.
Se necesitaría, Roosevelt, ser por Dios mismo,
el Riflero terrible y el fuerte Cazador,
para poder tenernos en vuestras férreas garras.
Y, pues contáis con todo, falta una cosa: ¡Dios![16]

Este poema constituye una crítica fuerte de las continuas intromisiones del gobierno de los EE. UU. en asuntos nacionales que repercutían en países de América Latina, particularmente del Caribe.

Robert Pring-Mill, en su artículo, «El alcance de la poesía comprometida hispanoamericana», señala que las condiciones que forman el contexto de la vida en la región dio lugar al crecimiento de la conciencia social y, como resultado, una gran cantidad de La literatura hispanoamericana tiene una dimensión política.[17]

El inicio de la modernidad americana, con la impronta de la Revolución mexicana (1910), y posteriormente con la Revolución rusa (1917), dejó una huella social y política en el continente entero que dio lugar a un aumento notable de los discursos literarios cuestionadores de las sociedades en todos los países del continente. Poetas como el chileno Pablo de Rokha, cuyo poema de tono más revolucionario es «El entierro de Pedro León Ugalde»; o el puertorriqueño Luis Palés Matos, figura celebrada de la poesía afro-antillana, profundizaron de diversas maneras sobre el tema del compromiso social en la poesía.

Era el momento en que Europa empezó a sufrir las repercusiones de la Segunda Guerra mundial, España cayó bajo el regimen dictatorial de Francisco Franco y en Latinoamérica los países enfrentaban graves retos socio-políticos, como golpes militares, dictadura, explotación económica, agresiones militares

[16] David William Foster. *Literatura Hispanoamericana: Una Antología* (Nueva York: Routledge, 2014), 577-578.

[17] Robert Pring-Mill. «El alcance de la poesía comprometida hispanoamericana» en *Homenaje a Rudolfo Grossman*, ed. Sabine Horl et al (Frankfurt-am-Maim, Bern, Las Vegas, 1977), 259-260.

bajo el mando de los EE.UU. Es decir, despotismo e imperialismo se generalizaron en todo el continente. En estos momentos, el compromiso brotó del puño cerrado de la épica y confirió a la expresión poética la primacia de testimoniar, denunciar, zaherir y apostrofar de modo más intenso. Surgían las notables obras de grandes poetas populares como Pablo Neruda (Chile), Cesár Vallejo (Perú), Atahualpa Yupanquí (Argentina).

La obra poética de Neruda, tal como *Canto General* transforma la poesía latinoamericana en un dedicado portavoz del pueblo, levantando la voz de forma severa y furiosa contra las injusticias y atrocidades contra pobre ciudadanos, y denunciando, de modo atrevido y audaz, las explotaciones del continente a mano de las compañías americanas:

> Yo he visto arder en la noche eternal
> de Chuquicamata, en la altura,
> el fuego de los sacrificios,
> la crepitación desbordante
> del cíclope que devoraba
> la mano, el peso, la cintura
> de los chilenos, enrollándolos
> bajo sus vértebras de cobre,
> vaciándoles la sangre tibia,
> triturando los esqueletos
> y escupiéndolos en los montes
> de los desiertos desolados [...][18]

En esta era, las obras líricas dan paso a una diversificación mayor de los asuntos socio-políticos y revolucionarios en la literatura. Los poetas intentaron oír el vocerío angustioso de los marginados, de los que no tienen nada, de los desposeídos, de los desbrozados, de todas las épocas. Ellos saben anteponer a la subjetividad del poema humano de la multitud, como lo hizo César Vallejo. La poesía de Vallejo no es el resultado — del arte por el arte—, es una poesía en la que se condensa las múltiples formas del sufrimiento de la humanidad: el hambre, la pobreza, la injusticia, la falta de caridad y la muerte. "Es como si quisiera despertar en todos este sentimiento de solidaridad humana, de "amor contra el espacio y contra el tiempo", de extraña y desgarrada fraternidad frente al

---

[18] Pablo Neruda. «La Anaconda Copper Mining Co.» en *Canto General*, http://www.literatura.us/neruda/ general.pdf (accedido 23 de Enero de 2017), 234-235.

desamparo esencial de la condición humana"[19], dice Manuel Antonio Arango en su libro *Historia, intrahistoria y compromiso social en siete poetas hispánicos*. Veamos en uno de los poemas más representativos de su obra maestra *Los heraldos negros*, el sentimiento social, lleno de piedad fraternal por los que sufren, en el cual el poeta se considera culpable de los que aún no tienen un mísero pan para saciar el hambre. Éste refleja un mayor sentimiento hacia la humanidad, lleno de una gran indignación Cristiana ante el tremendo drama de la injusticia social:

Se bebe el desayuno... Húmeda tierra
de cementerio huele a sangre amada.
Ciudad de invierno... La mordaz cruzada
de una carreta que arrastrar parece
una emoción de ayuno encadenada! [...]

[...] odos mis huesos son ajenos;
yo tal vez los robé!
Yo vine a darme lo que acaso estuvo
asignado para otro;
y pienso que, si no hubiera nacido,
otro pobre tomara este café!
Yo soy un mal ladrón... A dónde iré!

Y en esta hora fría, en que la tierra
trasciende a polvo humano y es tan triste,
quisiera yo tocar todas las puertas,
y suplicar a no sé quién, perdón,
y hacerle pedacitos de pan fresco
aquí, en el horno de mi corazón...![20]

La intención artística de obras vallejanas queda bien reflejada en "España, aparta de mí este cáliz", en la cual se observa la postura del intelectual y su vinculación con un proceso revolucionario, por ejemplo en el poema *Himno a los voluntarios de la República*, pone de manifiesto la posición de su poesía, una poesía dispuesta al servicio de la justicia, de la revolución. Vallejo expresa, en

[19] Manuel Antonio Arango. «Historia, intrahistoria y compromiso social en siete poetas Hispánicos : Rubén Darío, Federico García Lorca, Nicolás Guillén, Manuel del Cabral, Palés Matos, César Vallejo y Pablo Neruda.» en *Caribbean Studies* 18 (2007): 17.

[20] César Vallejo. «El pan nuestro» en *Antología poética* (Madrid: EDAF, 1999), 81.

este poema, el motivo de la revolución de una manera bella, la explotación del hombre por el hombre, un régimen que oprime a los campesinos y a los obreros:

> ¿Batallas? ¡No! Pasiones. Y Pasiones precedidas
> de dolores con rejas de esperanzas,
> de dolores de pueblos con esperanzas de hombres![21]

La poesía latinoamericana se acercó a los temas socio-políticos como nunca antes con la voz de resistencia por el bien de la sociedad, por dar voz a los calvarios, las luchas del pueblo. El máximo exponente de la poesía social-revolucionaria en El Salvador, Roque Dalton, quien fue sentenciado a muerte por revolucionario, define así su rumbo politico-social : « Llegué a la revolución por la vía de la poesía y a la poesía por la vía de la revolución»[22].

Acerca del poeta opina Ola Ostegaard en su artículo, «Roque Dalton, tanto en su poesía como en su vida política intentó siempre de poner al día sus ideas sobre la revolución y las vías y medios que conducirían al cambio social anhelado. La poesía de Roque Dalton, aunque de rasgos coloquiales, se sustentó en la fuerza de las palabras y de la ética implicadas en ellas »[23]. Los siguientes versos bastan para reflejar tal carácter de la poesía de Roque Dalton:

> El Salvador será un lindo
> y (sin exagerar) serio país
> cuando la clase obrera y el campesinado
> lo fertilicen lo peinen lo talqueen
> le curen la goma historica
> lo adecenten lo reconstituyan
> y lo echen a andar.
>
> El problema es que hoy El Salvador
> tiene como mil puyas y cien mil desniveles
> quinimil callos y algunas postemillas
> cánceres cáscaras caspas shuquedades
> llagas fracturas tembladeras tufos.
>
> Habrá que darle un poco de machete
> lija torno aguarrás penicilina

[21] *Ibid.*, 69.
[22] Lo dice Roque Dalton en la dedicatoria de Taberna y otros lugares en 1969.
[23] Ole Østergaard. «La Poesía Social-revolucionaria En El Salvador Y Nicaragua: Roque Dalton, Ernesto Cardenal» en *Cahiers Du Monde Hispanique Et Luso-brésilien*, no. 42 (1984):45, http://www.jstor.org/stable/40851179 (accedido el 10 de Enero de 2017).

bajos de asiento besos pólvora.[24]

Los testimonios y *El turno de ofendido* son las obras fundamentales de mundo poético y revolucionario de Roque Dalton. En sus versos subyace un espíritu comprometido que plantea temas de fuerte contenido social, tratados de una manera a veces tierna y a veces irónica y sarcástica, cuyo resultado es de un enorme lirismo.

El período posterior a esta corriente está enriquecido por los comprometidos bardos como Nicolás Guillén (Cuba) y Ernesto Cardenal (Nicaragua). El poeta cubano y mulato Nicolás Guillén es el principal representante de 'Poesía negra'. Inicialmente Guillén describe el mundo de la población de color: estampas típicas, ritos, supersticiones, etcétera en sus primeras obras *Motivos de son* y *Sóngoro Cosongo*. Pero, luego pasa después a denunciar la marginación del negro y, más en general, las injusticias sociales de Hispanoamérica, que se encuentran en *El son entero* y en *La paloma del vuelo popular*, al tiempo que su oposición a Batista le obliga a exiliarse. Tras el triunfo de Fidel Castro, su obra se orienta hacia lo revolucionario, cuyo reflejo se halla en *Antología mayor*.

Ernesto Cardenal, que se define como «poeta, sacerdote y revolucionario», es una figura íntimamente ligada a la historia reciente de Nicaragua, quien desde la trinchera de la literatura combatió la dictadura somocista y apoyó con su poesía la revolución popular Sandinista. Con las obras como «Hora 0», la poesía de Cardenal ha manifestado su compromiso con las luchas por los cambios sociales en América Latina.

Así, observamos que la poesía de protesta en literatura latinoamericana, desde sus orígenes hasta hoy, está directamente involucrada en las luchas de masas y se forja en el yunque de las luchas populares por la justicia y un mundo mejor; y que se está haciendo una poesía "de" movimiento. Poesía en marcha. Poesía de poetas comprometidos y socializantes. Fieles intelectuales, que si son rebeldes, son más pro-pueblo.

Es inmediatamente evidente que las preocupaciones de la poesía comprometida difieren de las asociadas en la tradición moderna con la poesía lírica. Lo que hace a la poesía de compromiso social «diferente» es que, principalmente, es tendenciosa y es identificable con un punto de vista particular,

---

[24] Roque Dalton. «El Salvador será» en *Praxis en America Latina*, Noviembre de 2010, http://www.praxisenamericalatina.org/3-11/poemas.html (accedido el 10 de Noviembre de 2016).

una postura política específica reflejada en la elección del tema y la forma en que se presenta.

Poesía de compromiso en la literatura hindi

Del mismo modo asiduo y continuo, en que desarolló el género de poesía de compromiso en la literatura latinoamericana, de manera similar se ve la evolución y desarollo de la poesía de protesta en la literatura hindi. Esta corriente no corresponde a un movimiento alternativo, sino coexistente con otras corrientes del pensamiento o de la estética en hindi. Sin embargo, si uno examina la historia de la literatura hindi, puede hallar las señales del inicio propio de la poesía de compromiso social desde la última etapa de *Chhayavād* (छायावाद), la que se refiere como *Uttar Chhayavād* (उत्तर छायावाद) y que obtiene su culminación en el subsiguiente período literario de hindi, lo cual se denomina *Pragativād* (प्रगतिवाद) y así sucesivamente. Aunque, no de forma formal, pero de manera más clara se ven los poemas iniciales del compromiso social, cuyo máximo exponente fue Suryakant Tripathi 'Nirala' que compuso los poemas ejemplares de esta corriente *Todtī patthar, Vidhwā, Devī, Chaturī chamār, Billesur bakrihā, Kukurmuttā aur Gulāb* etcétera. Estos poemas intentan dibujar un retrato realista de la sección marginada y desfavorecida, como la de los campesinos, obreros etc, expresando así su intención subyacente de solidaridad con el pueblo desfavorecido. El siguiente poema *Todtī patthar* trata de la miserable y patética condición de la clase obrera:

वह तोड़ती पत्थर;
देखा उसे मैंने इलाहाबाद के पथ पर-
वह तोड़ती पत्थर ..
चढ़ रही थी धूप;
गर्मियों के दिन
दिवा का तमतमाता रूप;
उठी झुलसाती हुई लू,
रूई ज्यों जलती हुई भू,
गर्द चिनगी छा गयीं,
प्राय: हुई दुपहर :-
वह तोड़ती पत्थर

[...] देखा मुझे उस दृष्टि से
जो मार खा रोई नहीं,
सजा सहज सितार,

सुनी मैंने वह नहीं जो थी सुनी झंकार
एक क्षण के बाद वह काँपी सुघर,
ढुलक माथे से गिरे सीकर,
लीन होते कर्म में फिर ज्यों कहा -
'मैं तोड़ती पत्थर।[25]

Ella rompiendo piedras;

La vi en el camino de Allahabad.
Ella rompiendo piedras ...
El sol se estaba chamuscando;
durante el verano
cada vez más intenso
y abrasa el golpe de sol,
la tierra parece un algodón ardiente
y polvo caliente, todo por su paso
En tal escena usualmente: -
'Ella rompiendo piedras'.

Ella me vio con tal visión.
como quien no lloró después de ser golpeado,
como un sitar decorado sin costura,
entonces, lo que oí no era una campanilla.
a cabo de un momento, ella se detuvo,
gotas de sudor cayeron de su frente polvorienta,
Una vez más absorto en su trabajo, y diciéndome:
'Yo, rompiendo piedras'. (traducido por mí)

Un poeta, que era muy consciente de las dificultades de la vida, explica las mismas de una obrera que trabaja en las carreteras de Allahabad en pleno verano. Nirala describe con sensibilidad la gracia de la mujer trabajadora y utiliza el calor abrasador como una metáfora de la crueldad de la explotación de los ricos.

En los años siguientes, alrededor de 1936, se ven introducidos varios cambios notables en la poesía de literatura hindi, bajo la corriente titulada, *Pragativād*. Esta corriente intenta asociar y vincular la poesía con la realidad de la vida. Las políticas antipopulares del dominio británico, sus atrocidades y opresiones provocaron la atención de la gente hacia la dura situación del país y sus causas principales. También surgió la necesidad de hallar las razones de tal situación de la India. Analfabetismo, supersticiones, comunalismo van a considerarse como barreras del progreso. El intento de luchar por conseguir la

[25] Suryakant Tripathi 'Nirala'. «Todtī patthar», *Kavita Kosh*, 2009, www.kavitakosh.org/nirala (accedido el 18 de Abril de 2017).

liberación del dominio extranjero tomó mayor impulso. Varias instituciones políticas-sociales surgieron que se esforzaron por mejorar la condición del país y liberarlo de las garras del imperialismo británico. Se puede observar el influjo, de una forma u otra, de estos sucesos y condiciones sobre la literatura a la sazón. Las obras de las eras de Bhartendu y Dwivedi se centraron en cuestionar temas relacionados con la casta y la religión, ya que éstos habían causado división de la sociedad en distintas clases, debilitación y consecuentemente un vasto sector de la sociedad se vio relegado y oprimido. Durante este tiempo, los poetas y autores de la India que residían en Europa establecieron en Londres (Reino Unido) la *Pragatiśīla Lēkhak Saṅgha* (Organización de Autores Progresivos). Los literatos pusieron énfasis en la liberación de la sociedad de los pensamientos conservadores y tradicionales, en los esfuerzos de identificar las razones de retroceso económico-social del país y ellos eran de la opinion de que los literatos y poetas debían salir del mundo imaginario y debían levantarse para defender el mundo real. Es fácil darse cuenta de la influencia del movimiento del 'arte por la sociedad', el cual adquirió importancia por las obras de los existencialistas franceses, en particular Jean-Paul Sartre. Este movimiento insistió en la idea de la responsabilidad seria del artista hacia la sociedad. Este período de 'Pragativād' experimenta con el surgimiento de aquellos poetas que llegarían a ser los mayores exponentes de la poesía de protesta social en la historia de la literatura hindi, como por ejemplo Nagarjuna (नागार्जुन), Gajanan Madhav Muktibodh (गजानन माधव मुक्तिबोध), Kedarnath Agarwal (केदारनाथ अग्रवाल), Trilochan Shastri (त्रिलोचन शास्त्री), Raghubir Sahay (रघुवीर सहाय), Sarveshvar Dayal Saxena (सर्वेस्वर दयाल सक्सेना) etc.

Las obras poéticas de esta corriente tienen una meta muy clara: dedicar la pluma a la causa de la sociedad, de su mejoramiento, y utilizar la misma como un arma contra las atrocidades y males sociales. Es la empatía con las personas y su situación social lo que caracteriza a esta poesía. Deja clara su intención de apoyar al pueblo, al pueblo oprimido y marginado, y de protestar contra la injusticia y tiranía de la clase poderosa:

मैं तुम्हारे लिए ही जियूँगा, मरूँगा
मैं तुम्हारे इर्द-गिर्द ही रचना करूँगा,
मैं तुम्हारे ही प्रति अपनी वफादारी निभाऊंगा
आओ, खेत मजदूर और भुमिदास नौजवान,
आओ, खदान श्रमिक और फैक्ट्री वर्कर नौजवान[26]

Voy a morir por ti, yo voy a morir
Voy a componer sobre ti, solo a tu alrededor,

[26] Baidyanath Mishra 'Baba Nagarjun'. «Maiṁ tumhēṁ apanā cumbana dūṅgā», *Kavita Kosh*, 2006, www.kavitakosh.org/nagarjun (accedido el 18 de Abril de 2017).

Te deberé lealtad
Venid, campesinos, trabajadores, y jóvenes,
Venid, mineros y obreros de fábrica. (traducido por mí)

En este poema de Baba Nagarjuna (बाबा नागार्जुन), subyace la lucha expresiva y solidaria. En todos los casos, ya sea algo que afecte a una persona, a una clase social o a la entera sociedad, el poeta está dispuesto a enfrentar cualquier desafío. Sus poemas cumplen el deber social del poeta comprometido.

Nagarjuna ha desempeñado un papel de gran envergadura en el movimiento literario progresivo, Pragativād. Al cabo de una lucha constante en la vida, el poeta obtiene la convicción de que, ' primero soy humano, luego un poeta', por lo cual el poeta hace frente a los retos, abusos o injusticias sociales y políticas con demasiada audacia, ya sea contra las maniobras crueles del poder, las situaciones de explotación de los capitalistas etc, Nagarjuna los hace objeto de su denuncia y protesta aguda, y sarcástica. Se ve claramente que la poesía de Nagarjuna está vinculada desde su inicio hasta el fin con el pueblo, tocando las entrañas de su vida, acercándose a todos sus sueños y calvarios; la llena Nagarjuna con un sentimiento humano y compasivo.

El poeta al desempeñar su función de partidario de defensor, pone en manifiesto su compromiso hacia la gente sencilla. Luchando continuamente por el progreso de la mayoría de la sociedad, el poeta levanta fuerte voz contra los que plantean una amenaza ante los intereses del pueblo, sus derechos y su libertad, ante la democracia. Su compromiso tiene en cuenta la equidad, el socialismo y la revolución. Es por ello que el poeta está vinculado con las vicisitudes y las aspiraciones de la gente común. El poeta declara sus propias intenciones de un poeta comprometido:

प्रतिबद्ध हूँ, सम्बद्ध हूँ, आबद्ध हूँ
प्रतिबद्ध हूँ, जी हाँ, प्रतिबद्ध हूँ
बहुजन समाज की अनुपल प्रगति के निमित्त,
संकुचित स्व की आपाधापी के निषेधार्थ,
अविवेकी भीड की भेडया-धसान के खिलाफ
अंध-बधिर 'व्यक्तियों' को सही राह बतलाने के लिए
अपने आप को भी 'व्यामोह' से बारंबार उबारने की खातिर
प्रतिबद्ध हूँ, जी हाँ, शतधा प्रतिबद्ध हूँ![27]

---

[27] Baidyanath Mishra 'Nagarjuna'. «Pratibaddha hūm̐», *Kavita Kosh*, 2006, www.kavitakosh.org/nagarjun (accedido el 18 de Abril de 2017).

Estoy comprometido, estoy engajado y estoy obligado
Estoy comprometido, sí estoy comprometido
por luchar por el mejoramiento social de los desfavorecidos,
por protestar contra la juerga de la ciega búsqueda para el yo estrecho,
contra el caos de la multitud irracional,
por mostrar el camino correcto hacia las 'personas' sordociegas
también estoy comprometido por sacarme repetidamente de la 'paranoia'
Estoy comprometido,
sí, ¡estoy comprometido de cien maneras! (traducido por mí)

La lucha tanto de pueblo como de la poesía misma encuentra su expresión atrevida en los poemas de *Pragativād*. Por ejemplo, el poema «*Aṁ̐dhērē mēṁ*» de Muktibodh:

इतने में अँधियारे सूने में कोई चीख़ गया है
रात का पक्षी
कहता है--
वह चला गया है,
वह नहीं आएगा, आएगा ही नहीं
अब तेरे द्वार पर।
वह निकल गया है गाँव में शहर में।
उसको तू खोज अब
उसका तू शोध कर!
वह तेरी पूर्णतम परम अभिव्यक्ति,
उसका तू शिष्य है (यद्यपि पलातक....)
वह तेरी गुरू है,
गुरू है [...]

[...] समझ न पाया कि चल रहा स्वप्न या
जागृति शुरू।[28]

Alguien acaba de gritar en el desierto de la oscuridad.
El merodeador nocturno dice
Se fue,
Él no vendrá, nunca
en tu casa.

[28] Gajanan Madhav 'Muktibodh'. «Aṁ̐dhērē mēṁ», *Kavita* Kosh, 2006, www.kavitakosh.org/muktibodh (accedido el 21 de Abril de 2017).

Ha salido en el pueblo en la ciudad.
Ahora debes buscarlo
¡Investiga sobre él!
Él es tu expresión profunda y suprema.
Eres su discípulo (aunque fugitivo ...)
Él es tu guru
el gurú tuyo [...]

[...] No entendí si era un sueño o
el comienzo del despertar. (traducido por mí)

El celebrado poeta Shamsher Bahadur Singh opina sobre el poema *Andhērē mēṁ* de Muktibodh: «Este poema constituye un contundente documento de historia moderna del pueblo, de los asuntos y retos cadentes. Se encuentra una coalescencia del individuo y pueblo de manera única y formidable. La preocupación por la tierra, el aire, el cielo de la patria, las añoranzas de la verdadera liberación del país corren por las venas del poema »[29].

En la literatura hindi, se considera a Muktibodh como el bardo que ha dado una nueva dimensión a los debates sobre la «lucha social», la cual incluye los problemas de la lucha de clase, del sufrimiento de los trabajadores por parte de la clase que ocupa el poder, la solidaridad con los movimientos revolucionarios de campesinos y obreros; y sus obras lanzan críticas severas y sarcásticas con miras a lograr una sociedad inclusive y justa:

तेरे रक्त से भी घृणा आती तीव्र
तुझको देख मितली उमड़ आती शीघ्र
तेरे ह्रास में भी रोग-कृमि हैं उग्र
तेरा नाश तुझ पर क्रुद्ध, तुझ पर व्यग्र।
मेरी ज्वाल, जन की ज्वाल होकर एक
अपनी उष्णता में धो चलें अविवेक
तू है मरण, तू है रिक्त, तू है व्यर्थ
तेरा ध्वंस केवल एक तेरा अर्थ।[30]

Aun tu sangre es intensamente abominable,
Al mirarte tengo un repentino ataque de náuseas,
eres tan despreciable,
Aun tu declinación se realizará por

[29] Shamsher Bahadur Singh. «Aṁ̊dhērē mēṁ: ēka viślēṣaṇa» en *Anhad Kriti*, Julio de 2017, https://www.anhadkriti.com/andhere/mein_ek/vishleshan/ (accedido el 12 de Agosto de 2017).
[30] Gajanan Madhav 'Muktibodh'. «Pūñjīvādī samāj kē prati», *Kavita Kosh*, 2006, www.kavitakosh.org/ muktibodh (accedido el 3 de Mayo de 2017).

gusanos perniciosos de la enfermedad.
Su devastación está flotando sobre tí
con el mayor entusiasmo.
Que nuestra angustia sea movilizada
en una expresión consolidada de ira unánime.
Y en este vehemente calor de ira,
fundamos nuestra imprudencia.
Tu muerte es inminente,
estás vacío y eres inútil.
Así que solo tu debacle es tu destino. (traducido por mí)

La difusión del pensamiento socialista en el país, el desarrollo de la tradición de la literatura a favor del pueblo, y el influjo de varios movimientos sociales contribuyeron al florecimiento de la poesía de compromiso. La discusión sobre el rol socio-político, el compromiso hacia el proletariado y la revolución artística-literaria obtuvo un mayor impulso en el mundo literario del período, cuyo reflejo se encuentra en las obras. Se observa aparentemente subyacentes la visión de efectuar cambios y conciencia de luchar en los poemas de *Pragativād.*

Luego, aparece la poesía comprometida de Raghuvir Sahay que constituye un hito en el desarrollo de Nayī Kavitā (नयी कविता). Su poesía encuentra en el realismo social su motivación más profunda, en virtud de la cual, se ocupa de los anhelos, las luchas, los sufrimientos y las realidades amargas de la sociedad, más que quedar fascinada de la belleza y meterse de la lírica de amor y separación :

परिणय की पीड़ा के अतिरिक्त धरा पर दु:ख हैं बहुतेरे
दृग वातायन खोलो, आंसू के परदे सरका कर देखो
कितने दु:खग्रस्त अभागों से अब तक हम थे आँखें फेरे
उनके हित यह आंसू सिरजो
उनके सुख के सपने देखो
मेरे स्वर में अपना स्वर दे
उन स्वर हीनों की जय बोलो[31]

Hay innumerables sufrimientos en este planeta
además de las tribulaciones de la vida matrimonial
Abre la ventana de tus ojos,
y mira al quitar las cortinas de las lágrimas
Por mucho tiempo hemos ignorado
a tantas personas abatidas y desventuradas
Por su bienestar limpiemos estas lágrimas
Veamos los sueños de su felicidad

[31] Raghuvir Sahay, «Du:kha» en *Jyotsna* (Patna: Jyotsna, 1948) 37.

Vayamos a unir tu voz conmigo
Vayamos a saludar a aquellos no escuchados. (traducido por mí)

Gracias a tales elementos propios de la poesía de *Pragativād* y *Nayi Kavita*, los poetas combatientes de esta poesía quitan con gran osadía los velos que cubren cualquier inhumanidad y agresión del poder. Ellos dan un nuevo rumbo a la poesía al vincular su propia angustia y agresividad con la ira y angustia de la gente. La gente marginada, los obreros-trabajadores aparecen en los poemas con distintos colores de su sufrimiento, esperanza – desesperanza, sueños-aspiraciones y lucha.

En la subsiguiente poesía de Samakālīn Kavitā (समकालीन कविता) se ve este fervor y espíritu, que intentan acercarse a los problemas socio-políticos, extender su solidaridad con el pueblo y con su lucha, con sus sufrimientos y recurrir al poema como arma de cambio y revolución. Entre estos poetas de la generación posterior a 1970 destacan Dhoomil y Nabarun Bhattacharya.

यही समय है कविता लिखने का
इश्तिहार पर,दीवार पर स्टेंसिल पर
अपने ख़ून से, आँसुओं से हड्डियों से कोलाज शैली में
अभी लिखी जा सकती है कविता
तीव्रतम यंत्रणा से क्षत-विक्षत मुँह से
आतंक के रू-ब-रू वैन की झुलसाने वाली हेड लाइट पर आँखें गड़ाए
अभी फेंकी जा सकती है कविता
38 बोर पिस्तौल या और जो कुछ हो हत्यारों के पास
उन सबको दरकिनार कर
अभी पढ़ी जा सकती है कविता

लॉक-अप के पथरीले हिमकक्ष में
चीर-फाड़ के लिए जलाए हुए पेट्रोमैक्स की रोशनी को कँपाते हुए
हत्यारों द्वारा संचालित न्यायालय में
झूठ अशिक्षा के विद्यालय में
शोषण और त्रास के राजतंत्र के भीतर
सामरिक असामरिक कर्णधारों के सीने में
कविता का प्रतिवाद गूँजने दो
बांग्लादेश के कवि भी तैयार रहें लोर्का की तरह
दम घोंट कर हत्या हो लाश गुम जाये
स्टेनगन की गोलियों से बदन छिल जाये-तैयार रहें
तब भी कविता के गाँवों से
कविता के शहर को घेरना बहुत ज़रूरी है
यह मृत्यु उपत्यका नहीं है मेरा देश
यह जल्लादों का उल्लास-मंच नहीं है मेरा देश

यह विस्तीर्ण शमशान नहीं है मेरा देश
यह रक्त रंजित कसाईघर नहीं है मेरा देश

मैं छीन लाऊँगा अपने देश को।[32]

Este es el momento de escribir poesía.
en el cartel, en la pared, en la plantilla
En nuestra sangre, en lágrimas al estilo collage con esqueletos.
El poema se puede escribir en este momento.
Con la cara destartalada destrozada por una tremenda tortura
Mirando el ardiente faro de la furgoneta del terror.
El poema puede ser lanzado ahora mismo.
Pistolas de calibre 38 o cualquier arma
que los asesinos puedan tener
sin maldecir.
Ya es la hora de recitar el poema.

En la cárcel despiadado,
A la luz temblorosa de la lámpara
encendida por laceraciones.
En la corte creada por asesinos.
En la escuela de la mentira y el analfabetismo.
Dentro de la monarquía de la explotación y el terror.
En los corazones de las vanguardias militares y no militares.
Que resuene la protesta contra la poesía.
Los poetas de Bangladés también
deberían estar preparados como Lorca.
Pueden ser estrangulados o
sus cadáveres pueden desaparecer.
Incluso si sus cuerpos reciben heridas de balas,
aún deberían estar listos.
La ciudad de la poesía deberá ser bloqueada
por el pueblo de la poesía.
Porque, este valle de la muerte no es mi país.
Este escenario de celebraciones de verdugos no es mi país.
Este vasto tramo de cementerios no es mi país.
Este sangriento matadero no es mi país.

Voy a revivir mi país. (traducido por mí)

[32] Bhattacharya, Navarun. «Yeh mr̥tyu upatyakā nahī hai mērā dēs» en *Yeh mr̥tyu upatyakā nahī hai* mērā dēs, (Nueva Delhi: Radhakrishna Prakashan, 1985), 7.

Entre los poetas populares contemporáneos, las obras poetícas de Rajesh, Narendra Jain, Kuldeep Salil, Manmohan, Ibbar Rabbi contienen un profundo sentido de responsabilidad y compromiso social. En ellos, independientemente de los distintos períodos literarios, uno puede hallar el sentido de estrechez y preocupación del artista por el hombre. Aunque, con el cambiante escenario literario, la literatura hindi también experimenta los cambios, intenta a la vez mantener intacta la esencia característica de la literatura hindi: quedarse en el corazón de la sociedad y hablar de la sociedad.

LA POESÍA DE PABLO NERUDA

Pablo Neruda (1904-1973) es meritoriamente uno de los poetas de lengua española más célebres de su tiempo no sólo en Hispanoamérica sino también en la Península. Tal reconocimiento no solamente se debe a su convencional lírica amatoria, sino también a la lírica nerudiana de la desesperación y del caos, al portavoz de los oprimidos y los explotados de su patria y de la realidad humana. La figura de Neruda también personifica al escritor que defiende la libertad del poeta para emplear la poesía como arma. Su búsqueda de la justicia social y su sentido de solidaridad transformarían sus obras significativamente en los años posteriores a la Guerra Civil Española, a la Segunda Guerra Mundial y a la Guerra Fría:

«Neruda habrá de insistir una y otra vez en la necesidad de una poesía que sea como una ametralladora, habrá de denunciar a los poetas de la evasión, habrá de alinearse como poeta comprometido y practicante del realismo socialista»[33]. Neruda es uno de los mejores ejemplos de la historia de un alma rebelde que utilizó su pluma como su espada en su constante lucha por un mundo mejor. Desde las primeras décadas del siglo XX, Neruda bajó la poesía de la atmósfera enrarecida del salón y se la dio al pueblo, una voz comunitaria, arraigada en la tradición oral, disparada por la pasión cruda y la lucha por la justicia. Tan intensamente reconocido como es, Pablo Neruda llevó una vida personal, política y literaria en proporciones extremadamente polémicas y épicas. Lo mejor de su poesía celebra el amor, la naturaleza y la experiencia humana: "He was once referred as the Picasso of poetry, alluding to his protean ability to be always in the vanguard of change. And he himself has often alluded to his personal struggle with his own tradition, to his constant need to search for a new system in each book."[34].

«Alguna vez se le ha llamado el Picasso de la poesía, aludiendo a su capacidad proteica de estar siempre a la vanguardia del cambio. Y él mismo a menudo ha aludido a su lucha personal con su propia tradición, a su constante necesidad de buscar un nuevo sistema en cada libro». (traducido por mí)

Su creencia fundamental era que el hombre común, el trabajador, el pobre, merecía un asiento en la mesa tanto como cualquier otra persona, lo que ya se expresa en «El gran mantel»:

> Sentémonos pronto a comer
> con todos los que no han comido [...]

---

[33] Rodríguez Monegal y E. M. Santí. *Pablo Neruda* (Madrid: Taurus, 1980), 75.

[34] René de Costa. *The Poetry of Pablo Neruda* (Massachusetts: Harvard U.P., 1979), 16.

Por ahora no pido más
que la justicia del almuerzo[35].

Al ser testigo de las injusticias contra los indígenas y la clase trabajadora, «Su sentido del deber como poeta entrañaba una obligación social, una vocación y un impulso»[36]. El poeta chileno prometió un compromiso con el humanitarismo, empleando la literatura para enriquecer, empoderar y participar en la búsqueda del cambio social progresivo. Las palabras de Neruda nos atraen no como hazañas intelectuales de complejidad, sino Como descripciones del mundo real, de nuestro mundo común.

La poesía de Neruda no solo es rica y conmovedora, sino que logró suscitar la conciencia pública a las realidades de las injusticias que enfrenta no solo América Latina, sino el mundo entero.

Llamado de conciencia y metamorfosis de poesía: Neruda en España

La vida de Neruda de 1924 a 1934 fue un período de aislamiento dedicado a misiones diplomáticas consulares en oriente, en Rangún, Colombo y Java. Esta década fue seguida por acontecimientos importantes en la vida del poeta. Recibió el cargo de cónsul en Barcelona en febrero de 1935, y luego en Madrid. Allí se encontró viviendo en una comunidad de poetas con los que compartía su sentido de relación con el pueblo, entre otros, Federico García Lorca, Rafael Alberti, Miguel Hernández, Luis Cernuda entre otros, que pertenecían a la denominada «Generación del 27». Este contacto y colaboración de Neruda con estos poetas en España produjo un impacto muy significativo sobre su poética, sus prioridades y en fin, toda su personalidad, cuyo reflejo se puso en clara manifestación durante la Guerra Civil Española (1936-39), un acontecimiento trágico que resultaría lo más decisivo en su futura trayectoria en la que se le llegó a identificar como poeta estrechamente comprometido con las reivindicaciones sociales del pueblo y que dio lugar a la composición de *Tercera Residencia*[37] obra que aparece en un siglo amargo y desorientado, lleno de anhelos imprecisos. En una entrevista en 1937, Pablo Neruda testificó de su experiencia en España que: «Sólo he podido ver los

[35] Pablo Neruda. «El gran mantel» en *Extravagaria* (London: Jonathan Cape, 1972), 44.
[36] Mark Eisner. *Neruda: el llamado del poeta* (New York: HarperCollins, 2018), 151.
[37] "Residencia en la tierra" de Neruda es el libro de poesía en serie, compuesto de tres partes: La Primera (1925-1931), Segunda (1931-1935) y Tercera Residencia (1947).)

acontecimientos con ojos de poeta y éstos tendrán una profunda influencia en mi poesía futura»[38].

Dicha obra nerudiana ha captado el despertar del espíritu. Un camino nuevo se ha abierto ante el artista: una poesía más verdadera. Se incrementa el color local, aparecen con insistencia los nombres propios, se busca la claridad del decir, la sencillez de la imagen. A partir de *Tercera Residencia,* surge el otro Neruda: el poeta Neruda de la vinculación social, el de la lucha organizada.

Como explicamos en la Introducción, el año 1936 constituye para el poeta una gran cita con la historia. Su destino llega en una encrucijada donde el tiempo y el espacio, el asesinato de su entrañable amigo Federico García Lorca, el levantamiento militar y España desamparada, van a teñir su poesía de sangre y fuego: «Pablo Neruda is the one whose work shows the most evidence of change as a result of the experience of the Spanish Civil War and, perhaps specifically the death of Federico García Lorca at the hands of a group of Falangists at the beginning of the war. The poet himself has done much to promote this view: «Y de ese modo la guerra de España, que cambió mi poesía, comenzó para mí con la desaparición de un poeta»[39].

«Pablo Neruda es aquel cuyo trabajo muestra la mayor evidencia de cambio como resultado de la experiencia de la Guerra Civil Española y, quizás específicamente, la muerte de Federico García Lorca a manos de un grupo de falangistas al comienzo de la guerra. El mismo poeta ha hecho mucho para promover este punto de vista: Y de ese modo la guerra de España, que cambia mi poesía, comenzó para mí con la desaparición de un poeta» (traducido por mí).

En el fondo, *Tercera Residencia* señala una modalidad poética diferente a su poesía anterior. Aquí Pablo Neruda se enfrenta con el problema de su existencia. En efecto, ésta marca el desplazamiento de la atención del poeta de las cosas a los seres humanos. Lo individual da lugar a lo colectivo. La evolución en esta obra frente a sus libros de poesía que le preceden muestra una progresiva conciencia del dolor, la angustia, y la soledad. Como observa Greg Dawes "By comparing the *Tercera residencia* poems to others published prior to, during, and after the appearance of this book, I argue for an interconnection and progression in Neruda's poetic method and political understanding over the years and suggest that a dialectical relationship exists between the different phases of his poetic

---

[38] David Shidlowsky. *Las furias y las penas: Pablo Neruda y su tiempo* (Berlín: Wissenschaftlicher Verlag, 2003), 276.

[39] Stephen M. Hart. ed. *Politics, Poetics, Affect: Re-visioning César Vallejo* (London: Cambridge Scholars, 2013), 54.

corpus in general and Tercera residencia in particular. While bearing intertextuality in mind and analysing the texts closely, my argument also relies on an examination of the historical, political, social, and personal contexts that led Neruda to elaborate his poetic theory and write avant-gardist or socially committed verses"[40].

«Al comparar los poemas de *Tercera Residencia* con otros publicados antes, durante y después de la aparición de este libro, defiendo una interconexión y progresión en el método poético y la comprensión política de Neruda a través de los años y observo que existe una relación dialéctica entre las diferentes fases de su corpus poético en general y Tercera Residencia en particular. Teniendo en cuenta la intertextualidad y analizando los textos con detenimiento, mi argumento también se basa en un examen de los contextos históricos, políticos, sociales y personales que llevaron a Neruda a elaborar su teoría poética y escribir versos en estilo de vanguardia o socialmente comprometidos». (traducido por mí)

Este libro de poesía consta de cuatro compilaciones poéticas con un conjunto de poemarios, en las cuales sobresale la tercera compilación titulada, *España en el corazón*, cuyo tema principal forma parte de los acontecimientos de la Guerra Civil Española hasta la Segunda Guerra Mundial, libro lleno de dolor, de angustia y de pasión, en el que el poeta toma una actitud combativa en defensa de las fuerzas republicanas y en contra de todas las fuerzas tradicionales que apoyaron el triunfo del falagismo que habría de imponer a la dictadura del General Francisco Franco durante 36 años.

Esta obra es el resultado de la experiencia de la guerra civil española y marcará el comienzo de una metamorfosis tanto en su vida como en su obra, convirtiéndose su poesía en un instrumento fuerte por la "causa". René de Costa en su libro *La poesía de Pablo Neruda* (1979) señala que «[...] *Tercera Residencia* debe, por lo tanto, considerarse desde la doble perspectiva del arte y la sociedad, la poesía y la política»[41]. La preocupación, o interés hacia la llamada "causa", se transmiten a través de una serie de interrogaciones en el poema *Explico algunas cosas*:

> Preguntaréis: ¿Y dónde están las lilas?
> ¿Y la metafísica cubierta de amapolas?
> ¿Y la lluvia que a menudo golpeaba
> sus palabras llenándolas

[40] Greg Dawes. *Verses against the Darkness: Pablo Neruda's Poetry and Politics* (Lewisburg: Bucknell UP, 2006), 16.
[41] Costa, *op. cit.*, 93.

de agujeros y pájaros?[42]

Los citados versos de dicha compilación pone en clara manifestación que el recuerdo continuo de la Guerra Civil Española acelera la toma de conciencia del poeta: la sangre en la calle, la muerte inocente de los niños en las calles, las vivencias de la guerra. Neruda establece su nueva posición dentro de la poesía al imitar a Rubén Darío[43]. Muchos escritores han exhibido un cambio en su orientación como escritores. Darío, el líder del movimiento modernista en la poesía latinoamericana a principios del siglo XX, como Neruda, se desilusionó con el mundo que lo rodeaba y utilizó temas sociales y políticos para expresar su desencanto. Neruda es muy consciente de que la nueva concepción de su arte sería diferente; el poeta solitario es ahora un poeta con responsabilidad hacia la gente. Haciéndose eco del estilo de este poeta nicaragüense, Neruda cambia la forma de su poesía en *España en el corazón*.

Hay un despertar social y político en Neruda, por lo tanto su poesía se torna más realista, más amarga, más triste. Neruda narra líricamente la tragedia más grande de España, es decir, la Guerra civil:

Y una mañana todo estaba ardiendo
y una mañana las hogueras
salían de la tierra
devorando seres,
y desde entonces fuego,
pólvora desde entonces, [..]

Lo que observamos claramente es que el lector habituado, hasta ahora, a canciones desesperadas y a poemas crepusculares, ahora se halla con facilidad leyendo sobre los generales en el infierno, milicianos con metralleta y ciudades deshechas por las bombas – un rumbo hacia una poesía realista y revolucionaria.

Es decir, se ve la ruptura con la estilística anterior y el surgimiento de nueva poesía nerudiana. En efecto, la guerra española permitió al poeta replantearse función: ¿Debe seguir en su torre de marfil y olvidarse de la realidad social que

[42] Pablo Neruda. «Explico Algunas Cosas» en *Tercera Residencia,* https://www.neruda.uchile.cl/obra/obraresidencia3d.html (accedido el 9 de Marzo de 2016).

[43] Rubén Darío, el seudónimo de Félix Rubén García Sarmiento (1867-1916) fue un influyente poeta nicaragüense. Como líder del movimiento literario hispanoamericano conocido como *Modernismo,* que floreció a fines del siglo XIX, revivificó y modernizó la poesía en español en ambos lados del Atlántico a través de sus experimentos con el ritmo, el metro y las imágenes.

está viviendo? ¿Debe servir la causa del pueblo y olvidar su condición de creador, de artista? En el caso de Neruda, ese conflicto se zanjó en la primera hora. Como el poeta-soldado, en el caso de Miguel Hernández por ejemplo, Neruda va a ser el protagonista de la pluma-fusil. El giro de sus obras encuentra mejor reflejo se halla ciertamente en los conmovedores versos de *Explico algunas cosas*.

Esta obra se estructura en torno a temas que son, en una primera parte, la evocación de un pasado, el antes del conflicto, marcado por la felicidad, la alegría, la belleza del paisaje, y en la segunda, la irrupción de la tragedia; parte en la que también hace una virulenta critica a los que llaman «bandidos»[44] :

> Bandidos con aviones y con moros,
> bandidos con sortijas y duquesas,
> bandidos con frailes negros bendiciendo
> venían por el cielo a matar niños,
> y por las calles la sangre de los niños
> corría simplemente, como sangre de niños.

Denunciando la fatalidad de la guerra: la violencia contra inocentes: « matar niños, sangre de niños, sangre por la calles », estos versos de Neruda sirven para la venganza de la población que fue víctima del ejército de Franco. Esta venganza nace de los muertos (« decada niño muerto nace un fusil con ojos » « de cada crimen nacen balas »). El poeta se compromete contra los culpables nacionalistas, y los ataca directamente, comparándolos con "chacales, víboras, traidores". Evidentemente el siguiente versículo del poema lanza una intensa y violenta crítica dirigida hacia los fascistas, demostrando un último acto de solidaridad:

> Generales
> traidores:
> mirad mi casa muerta,
> mirad España rota:
> pero de cada casa muerta sale metal ardiendo
> en vez de flores,
> pero de cada hueco de España
> sale España,
> pero de cada niño muerto sale un fusil con ojos,
> pero de cada crimen nacen balas
> que os hallarán un día el sitio
> del corazón

[44] El poema hace énfasis sobre el ataque brutal e inmisericorde de las fuerzas falangistas con apoyo de Alemania de Hitler y la de Italia de Mussoline.

Esa trágica hora, que está viviendo España, se ha apoderado completamente de toda la poesía de Neruda. La guerra se ha convertido en el centro de gravedad de su actividad artística.

Cuando el poema denuncia la destrucción de su hogar, la *Casa de las Flores*[45], podemos ver que aunque destruyeron el edificio, no pudieron destruir los principios que representaba ese lugar. A pesar de la destrucción de su hogar y la destrucción de muchas de las ciudades de España, la República se levantaría, tal es la esperanza del poeta chileno. Aquí la dedicación del poeta hacia España se muestra comparando la casa destruida y las tertulias que en ella se tenían con una España rota. Él reitera que a pesar de cuán desgarrada se volviera España, la República se reconstruiría. Su lugar ideal también podría reconstruirse después de los ataques, ya que combinó su postura política de compromiso social con su poética. Neruda no solo resuscitaría su casa de las flores, sino que también resuscitaría la democracia en España.

En la siguiente verso el poeta se refiere a dos tipos de poesía: por un lado una romántica en la que el poeta se pierde en sus sueños, en la naturaleza («hojas», «volcanes»), y otra, la suya, que es el testigo de la historia. Ante una tragedia de tal envergadura, el poeta, no puede seguir soñando en su torre de marfil, evocando paisajes hermosos. Al contrario debe reflejar ese triste y doloroso cuadro, debe ser portavoz de la pobre gente sujeta a la represión. Aquí, el poema como lo hemos notado, permite establecer un puente entre el poeta y su público. La fidelidad, de éste, hace que se preocupe por todo lo que atañe a su poesía, particularmente por ese nuevo rumbo. Esa preocupación, o ese interés, se transmite a través de una serie de interrogaciones:

> Preguntaréis por qué su poesía
> no nos habla del sueño, de las hojas
> de los grandes volcanes de su país natal ?
>
> Venid a ver la sangre por las calles,
> venid a ver
> la sangre por las calles.

Aquí, el recurso de la repetición, o 'iteratio' («Venid a ver la sangre por las calles») crea un efecto aplastante que otorga al poema una fuerza dramática, señalando la urgencia de tomar acción, de acometer a un compromiso político

[45] La casa de Neruda, un lugar que se convirtió en un microcosmos de la política y la poesía entre los partidarios de la República durante la estancia del poeta chileno en España.

que conteste a la opresión sufrida por los perdedores republicanos, por el pueblo inocente que el poeta representa como «sangre».

Vemos aquí el surgimiento del poeta de la denuncia, el del compromiso social. Aparte del poema citado, los restantes poemarios del dicho libro de poesía tienen todos los elementos que dan lugar a la postura abrumadoramente revolucionaria y comprometida de la poesía del bardo chileno. *España en el corazón* «es la poesía en que Neruda se lamentaba más de la opresión social sufrida durante la guerra también es su poesía más políticamente comprometida y por lo tanto la más propositiva de un empeño cívico».[46]

Aparte del activismo poético, ese período también atestiguó el activismo personal extraordinario de Neruda. Renunció a la neutralidad que le daba su posición como cónsul chileno y utilizó su creciente reputación internacional para apoyar a las fuerzas que se oponían al fascismo del general Francisco Franco. . Pronto abandonó su cargo diplomático, sin embargo Neruda se quedó comprometido a luchar por la causa de la República Española. A cabo del golpe militar en 1936, Neruda se mudó a París donde la política y la poética continuaron entrelazándose. Allí, Neruda logró publicar páginas de apoyo para el gobierno legítimo en España con Nancy Cunard en una crítica de poesía llamada *Los poetas del mundo defienden al pueblo español*[47]. Además, junto con su amigo César Vallejo, organizó en París *el Comité Iberoamericano para la Defensa de la República Española*, una importante conferencia internacional de escritores y artistas, «que apoyó a la asediada República española. Hemingway, Koestler, Yeats, Spender, Auden, Aragon y Malraux, entre otros, asistieron a la conferencia o enviaron su apoyo explícito. España se convirtió en una causa célebre para todos aquellos que buscaban evitar la creciente amenaza del fascismo en Europa».[48] Mientras Neruda escribía la *Tercera residencia*, regresó España para participar en el *Segundo Congreso Internacional de Escritores para la Defensa de Cultura*. Durante este apogeo de compromiso, Neruda se involucró más que nunca por la causa de República, que lo empujó no solo a invitar a todos los participantes latinoamericanos sino también a viajar con ellos por toda España y participar con

[46] Eleonora M.Teresa Figliuoli. «Representaciones de la opresión social y la degradación medioambiental en la poética de Pablo Neruda y César Vallejo que trata la Guerra Civil Española (1936-1939)». *Undergraduate Honors Theses* 874 (2012): 09, http://scholarworks.wm.edu/honorstheses/874 (accedido 12 de Abril de 2017).
[47] Pablo Neruda. *Los poetas del mundo defienden al pueblo español: Paris, 1937*. Ed. Nancy Cunard Pablo Neruda (Sevilla: Editorial Renacimiento, 2002).
[48] Roland Bleiker. *Aesthetics and World Politics: Rethinking Peace and Conflict Studies* (Hampshire: Palgrave Macmillan, 2009), 134.

sus compatriotas estadounidenses en las sesiones del congreso. Su activismo continúa incesante en la era posterior a la Guerra también. La revista *Aurora de Chile*, que se publicó en el año 1938, fue dedicada a apoyar la causa de la República española. Neruda fue nombrado por el gobierno chileno un cónsul especial para ayudar a organizar a los exiliados españoles. Su colaboración ayudó a más de cuatro mil españoles a refugiarse en Chile después de la guerra civil cuando entró en vigor la dictadura de Francisco Franco.

Con todas estas ocurrencias, y por tomar partido durante la Guerra civil, Neruda a la vez, se convirtió en blanco de críticas. Recibió las etiquetas de 'Socialista' y 'Comunista'. Él respondió en una entrevista del periódico chileno *Ercilla* diciendo: «Yo no soy comunista. Ni socialista ni nada. Soy simplemente escritor. Escritor libre que ama la libertad con sencillez. Amo el pueblo. Pertenezco a él porque de él vengo. Por ello soy antifascista. Mi adhesión al pueblo no peca de ortodoxia ni de sometimiento».[49]

En tándem con tal afirmación del poeta chileno, el otro poema titulado *Llegada a Madrid de las Brigadas Internacionales* refleja la incuestionable dedicación del poeta hacia la causa del pueblo y el sentido de alabanza para aquellos que toman partido por la dicha causa:

> Cuando no teníamos más esperanza que un sueño de pólvora, cuando ya creíamos
> Que el mundo estaba lleno sólo de monstruos devoradores y de furias,
> Entonces, quebrando la escarcha del mes de frío de Madrid, en la niebla
> Del alba
> He visto con estos ojos que tengo, con este corazón que mira,
> He visto llegar a los claros, a los dominadores combatientes
> De la delgada y dura y madura y ardiente brigada de piedra.
>
> Por las calles la sangre rota del hombre se juntaba
> Con el agua que sale del corazón destruido de las casas:
> Los huesos de los niños deshechos, el desgarrador
> Enlutado silencio de las madres, los ojos
> Cerrados para siempre de los indefensos,
> Eran como la tristeza y la pérdida, eran como un jardín esculpido,
> Eran la fe y la flor asesinadas para siempre.
> Camaradas,
> Entonces

[49] Eisner. *Op cit.,* 77.

Os he visto,
Y mis ojos están hasta ahora llenos de orgullo
Porque os vi a través de la mañana de niebla llegar a la frente pura de Castilla
Silenciosos y firmes
Como campanas antes del alba,
Llenos de solemnidad y de ojos azules venir de lejos y lejos,
Venir de vuestros rincones, de vuestras patrias perdidas, de vuestros sueños
Llenos de dulzura quemada y de fusiles
A defender la ciudad española en que la libertad acorralada [...]

El poema comienza elogiando a los extranjeros por su dedicación a la República para trabajar en pro de la paridad internacional. En este poema, los españoles y extranjeros se unieron y trabajaron para revivir «la fe perdida, el alma ausente, la confianza en la tierra». Así como estos soldados de otras tierras habían venido a España y habían dado un renacimiento a una fe perdida a través de su sacrificio por España, Neruda (también extranjero) podría igualmente promover la misma causa. En España, varios grupos internacionales trabajaron juntos, y Neruda vio esta cohesión como imperativa para establecer un diálogo abierto entre pueblos de diferentes orígenes. La combinación de ideas extranjeras y una comprensión internacional dentro de una lírica muy localizada y personal domina su poética durante la guerra civil española.

En base a todo lo dicho hasta ahora, se puede observar que España y los acontecimientos que sucedieron durante estancia de Neruda en la tierra de Cervantes, tuvieron un inmenso impacto en su vida y en su quehacer artístico. El mismo poeta habló de este hecho durante la última sesión del Congreso para conmemorar el primer aniversario del levantamiento militar en París. Su discurso finaliza con una descripción de lo que ha influido en su política y su poética: «Y, puesto que en España se defiende, con una calma salvaje, la libertad y la grandeza del hombre, en cualquier lugar que luchemos por la libertad y la grandeza del hombre, aunque no la nombremos, incluso sin saberlo, soy por España por quien luchamos, soy por España por quien lucharemos».[50] Por ello, se puede afirmar sin exagerar que, después de Chile, España fue el territorio más amado y añorado por Neruda y que lo sintió también como su propia patria.

[50] Eisner. *Op cit.*, 113.

Preocupación y dolor por la patria: Neruda en América Latina

Acabamos de observar que la solidaridad y el compromiso por la causa de la República en España concedió una nueva dimensión estética a la poesía de Neruda, la cual, a partir de su regreso a América, resultó en el cultivo excepcionalmente fecundo de poemas por el poeta chileno. Aquí la poesía nerudiana se preocupa por la situación existente del continente y por sus deberes y responsabilidades como poeta hacia su patria y pueblo.

Desde el año 1940 Neruda va a estar en América latina, pasando temporadas en varios países y obteniendo una experiencia de primera mano de las condiciones de su propio continente. Cuando se publicó *Tercera Residencia* por primera vez como antología en 1947, el presidente chileno Gabriel González Videla rompió con el Partido Comunista, lo que a su vez empujó a Neruda a criticarlo abiertamente. Videla había usado el partido para ganar las elecciones, pero luego les dio la espalda; además proscribió el partido el siguiente año. Las críticas de Neruda a Videla llevaron a la persecución política. Neruda y sus compañeros socialistas comenzaron a ser perseguidos abiertamente, y el poeta tuvo que ocultarse. Esta experiencia clandestina, da lugar a la realización de un conjunto de obras nerudianas de mayor envergadura, en la que sobresale su obra más extensa, *Canto general* (1950), una obra que la mayoría de los críticos considera su obra épica por excelencia. Además, durante este periodo, las tres obras de *Odas* se destacan para examinar los efectos duraderos que la política y la poética de Neruda fomentaron y alimentaron a partir de la Guerra Civil española. La primera de las *Odas* se publicó a cabo de diez años del final del conflicto español, y la segunda antes de la revolución cubana, una revolución que permitiría a Neruda ver las posibilidades de otra posible república en acción, fundada por el pueblo. Todas estas obras del poeta se caracterizan por una orientación hacia cuestiones políticas y sociales.

En la segunda mitad del siglo XX, la poesía ocupó una posición y un papel preeminente en el mundo de la literatura latinoamericana. Durante la década de 1940, Neruda trabajó en el proyecto de una historia épica de América Latina, *Canto General* que irrumpió en la escena en 1950, dividiendo el siglo en mitades iguales y convirtiéndose en el principal testimonio de la conciencia latinoamericana. Comenzando con una descripción de la geografía, la flora y la fauna del continente, el libro avanza desde los bocetos de los héroes de los imperios Inca y Azteca a través de descripciones de los conquistadores, los héroes de las Guerras de Independencia, hasta los dictadores y aventureros extranjeros en la América Latina del siglo XX. Neruda interpreta la historia del continente como una lucha hacia la autonomía llevada a cabo por muchos pueblos diferentes que sufrieron de un tipo de opresión u otro desde los comienzos de su historia documentada. Según Leslie Bethell: "With the *Canto general*, Neruda completed a poetic project that had absorbed him for nearly ten years, from 1938 until early 1949, when he had to leave Chile following persecution of the Communist party in his country. Begun in years of freedom and hope during the victory of the Popular Front, the book was finished under oppression, in clandestine circumstances within the shadow of exile. Neruda's stay in Mexico around 1940 and his journey to Machu Picchu in 1943 were decisive in expanding his project from the 'Canto general de Chile' (a part that remains as section VII of the whole) into, simply, the Canto general, American in source and scope. With fifteen vast sections, the book opens with an almost Utopian visión of the pre-Columbian world. It unfolds the collective American experience from the Spanish conquest up to the wars of the twentieth century, and it culminates with the complementary halves of a grandiose objective cosmography — 'El Gran Oceano' (The Big Ocean) and an autobiographical elaboration 'Yo soy' (I am) — in which the poet's body and spirit are conceived as the product of his country's natural environment and the struggles of its people. It can surely be claimed that, by virtue of its epic dimensions and the structural variety of the poetic forms it embraces, this great Nerudian book is one of this century's fundamental works."[51]

> «Con el *Canto general*, Neruda completó un proyecto poético que lo había absorbido casi por diez años, desde 1938 hasta principios de 1949, cuando tuvo que abandonar Chile debido a la persecución del Partido Comunista en su país. Iniciado en años de libertad y esperanza durante la victoria del Frente Popular, el libro fue terminado bajo opresión, en circunstancias clandestinas a la sombra del exilio. La estancia de Neruda en México alrededor de 1940 y su viaje a Machu Picchu en 1943 fueron decisivos para expandir su proyecto desde el *Canto general de Chile* (una parte que permanece como la sección VII del total) en, simplemente, el *Canto general*, del carácter americano en fuente y alcance. Con quince vastas secciones, el libro comienza con una visión casi utópica del mundo precolombino. Esto desenvuelve la experiencia colectiva americana desde la conquista española hasta las guerras del siglo XX, y culmina con las mitades complementarias de una grandiosa cosmografía objetiva - 'El Gran Océano' y una elaboración autobiográfica 'Yo soy' - en el que el cuerpo y el espíritu del poeta se conciben como el producto del entorno natural de su país y

[51] Leslie Bethell, ed. *A Cultural History of Latin America: Literature, Music and the Visual Arts in the 19th and 20th Centuries* (Cambridge: Cambridge UP, 1998), 263.

las luchas de su gente. Seguramente se puede afirmar que, en virtud de sus dimensiones épicas y la variedad estructural de las formas poéticas que abarca, este gran libro nerudiano es una de las obras fundamentales de este siglo». (traducido por mí)

En la tercera sección de *Canto General*, «Los conquistadores», Neruda se centra en algunas de las causas de las impurezas en la patria actual que alguna vez fue tan pura. En los poemas de la tercera sección, el poeta mostraba cómo los conquistadores robaron la tierra pura y virgen y la corrompieron. Superar los años problemáticos de la historia, incorporados a la mentalidad y la cultura de todo el continente, se perfila como una tarea difícil para el poeta, sin embargo, él trabaja para reescribir esa historia de todos modos:

> Muerte,
> Venganza, matad, que os absuelvo»,
> grita el chacal de la cruz asesina.
> El trueno acude hacia los bandoleros.
> Nuestra sangre en su cuna es derramada.
> Los príncipes rodean como un coro
> al Inca, en la hora agonizante.
>
> Diez mil peruanos caen
> bajo cruces y espadas, la sangre
> moja las vestiduras de Atahualpa.
> Pizarro, el cerdo cruel de Extremadura
> hace amarrar los delicados brazos
> del Inca. La noche ha descendido
> sobre el Perú como una brasa negra.[52]

El poeta chiileno denuncia sin pelos en la lengua los actos bárbaros de muchos de los primeros viajeros al Nuevo Mundo. , Neruda condena las muchas injusticias que estaban ocurriendo en su mundo contemporáneo (como los nazis, los fascistas, los franquistas, etc.) y las compara con la de los conquistadores. Al hacerlo, proponía una igualdad que eliminará la miseria y la ignorancia a través de la democracia y el respeto mutuo. "Los conquistadores", se centra específicamente en el período crítico posterior a la llegada inicial de Colón al hemisferio occidental, y narra la conquista y los esfuerzos iniciales de colonización por parte del naciente imperio español. Al igual que muchas de las secciones subsecuentes de la recopilación, «Los conquistadores» presenta una

[52] Pablo Neruda, «Las agonías» en *Canto general*, http://www.literatura.us/neruda/ general.pdf (accedido 12 de Enero de 2017), 56-57.

demarcación clara e inequívoca entre las víctimas (en este caso, los pueblos indígenas de América Latina) y los opresores (europeos, especialmente los españoles). En esta sección, Neruda intenta desmitificar la narración estándar de la Conquista como un período heroico para la civilización occidental por remitificar deliberadamente el mismo período de tiempo como uno sangriento y vergonzoso:

> Arañaron la tierra, descolgaron
> alhajas hechas con amor y espuma,
> arrancaron la ajorca de la novia,
> desampararon a sus dioses.
> El labrador entregó su medalla,
> el pescador su bota de oro,
> y las rejas temblaron respondiendo
> mientras mensaje y voz por las alturas
> iba la rueda del oro rodando.
> Entonces tigre y tigre se reunieron
> y repartieron la sangre y las lágrimas.[53]

Esta sección de *Canto general* se basa en un discurso de violencia que ofrece una visión alternativa de América Latina y crea una visión polarizada y conflictiva de diferentes civilizaciones, es decir, indígenas y españoles. Como dice Saúl Yurkiévich, esta sección intenta «Reseñar su historia como un enfrentamiento permanente entre opresores y liberadores».[54] Los españoles, tradicionalmente vistos como los heraldos del orden, el progreso y la civilización en el hemisferio occidental, ahora están en gran parte demonizados por la destrucción de las civilizaciones existentes, mientras que las diversas culturas indígenas de América Latina están vinculadas a la paz, la rectitud moral y la defensa solemne y justificable de sus tierras invadidas:

> Almagros y Pizarros y Valverdes,
> Castillos y Urías y Beltranes
> se apuñaleaban repartiéndose
> las traiciones adquiridas,
> se robaban la mujer y el oro,
> disputaban la dinastía.[55]

---

[53] Neruda. «La Línea Colorada» en *Canto general*, 57-58.

[54] Saúl Yurkiévich. «Mito e historia: Dos generadores del Canto general» en *Revista iberoamericana* 39 (1973): 112. https://revista-iberoamericana.pitt.edu/ojs/index.php/Iberoamericana/article/ view File/2476/2664. (accedido el 15 de Marzo de 2017).

[55] Neruda. «Las guerras» en *Canto general*, 61-62.

En esta sección, los pueblos indígenas se presentan como víctimas de la opresión a manos de de los colonizadores que invaden sus tierras y abusan de ellas para su propio beneficio. Sin embargo, los nativos oprimidos unen su fuerza para tratar de resistir a los invasores y luchar contra ellos, independientemente del resultado. Al final de la sección aparece la esperanza de restauración y unidad una vez más entre el pueblo y la tierra, después de haber pasado por largos períodos de sufrimiento. Como observa Juan Villegas Morales, «[...] Hay un desplazamiento desde el caos o el infortunio hacia la esperanza y la felicidad, ya sea personal o social».[56] Villegas asimismo agrega que Neruda también tenía la intención de «Cantar las raíces más profundas de lo americano, sin limitaciones temporales y con una concepción de la historia como un amplio discurso constituido por ciclos».[57]

En una gran parte del *Canto general*, Neruda se busca a sí mismo al reexaminar la historia de su continente, y específicamente sus muchos casos de injusticia, Neruda intenta lograr el fin de reivindicarse a sí mismo y a su pueblo, es decir, a los indígenas latinoamericanos ya que su objetivo constante es dar voz a los diversos elementos del pueblo.

En la quinta parte del libro, «La arena traicionada», el poeta reclama la unidad contra la injusticia política. En la introducción de esta parte, Neruda afirma que para que la patria sea invencible, debe denunciar todas las dictaduras que han ocurrido en las Américas. Aquí el poeta recurre al ataque y a la protesta. Esta sección señala a los hipócritas y traidores europeizantes poetas en el poema «Los poetas celestes». En este poema, Neruda ataca a aquellos poetas que no se ponen del lado de las personas y permanecen ocultos dentro de las clases altas para evitar ver la realidad de las personas a su alrededor que no son tan afortunadas. Por su indiferencia ante el pueblo sojuzgado, los poetas puros se confabulan con los explotadores. Según Neruda, la falta de equilibrio entre política y estética no produce poesía que valga algo. Los poetas con la cabeza en las nubes no pueden ver la realidad política del mundo que los rodea. El poeta chileno se vuelve inclemente con tales artistas, lanzando contra ellos una diatriba

---

[56] Juan Villegas Morales. «Estructuras míticas y arquetipos en el Canto general de Neruda» en *Ensayos Planeta de lingüística y crítica literaria* V (1976): 75.
[57] *Ibid*, 36.

cargada de colérico menosprecio. Neruda, en su afán de subordinar lo poético a lo social, condena duramente este silencio cómplice:

> Qué hicisteis vosotros gidistas
> intelectuales, rilkistas,
> misterizantes, falsos brujos
> existenciales, amapolas
> surrealistas encendidas
> en una tumba, europeizados
> cadáveres de moda,
> pálidas lombrices del queso
> capitalista, qué hicisteis
> ante el reinado de la angustia,
> frente a este oscuro ser humano [...]
> No hicisteis nada sino la fuga:
> vendisteis hacinado detritus, [..][58]

En el verso citado Neruda lanza una denuncia, dirigida a aquellos poetas que se desvían de su deber como poetas responsables, que niegan la penuria de la muchedumbre, la injusticia y la desesperación generalizada. Como observa Daryl Moss: "The "La arena traicionada" calls the dictators of the Americas "desangradores de patrias" and then he says that "sólo hay uno / peor que vosotros, sólo hay uno / y ése lo dio mi patria un día / para desdicha de mi pueblo" (440). The poem also talks of how the "funnel law" (442) only helped the rich to get richer and the poor to get poorer. While the rich (la crema) went about buying lands and committing atrocities among the poor, the people "received the fatherland in its arms" (445)».[59]

> «La arena traicionada" llama a los dictadores de las Américas "desangradores de patrias" y luego dice que "sólo hay uno / peor que ustedes, solo hay uno / y ése lo que mi patria un día / para desdicha de mi pueblo "(440). El poema también habla de cómo la "ley del embudo" (442) solo ayudó a los ricos a enriquecerse y a empobrecer a los pobres. Mientras los ricos (la crema) compraban tierras y cometían atrocidades contra los pobres, la gente común "recibía a la patria en sus brazos" (445)» (traducido por mí).

Neruda siente una relación muy afectiva por el continente americano. Le perturba la dolorosa historia y el turbulento presente del continente. Los poemarios de *Canto general* reflejan este hecho de la esencia nerudiana. Veamos

---

[58] Neruda. «Los poetas celestes» en *Canto general*, 218.
[59] Daryl Moss. *Political Poetry in the Wake of the Second Spanish Republic: Rafael Alberti, Pablo Neruda, and Nicolas Guillen* (Columbus: Ohio State University, 2010), 136.

el poema «Balmaceda de Chile», en que Pablo Neruda denuncia a los grandes explotadores de Wall Street y de Londres, los cuales se apoderaron de los recursos naturales del continente americano:

> You are very clever, Mr. North.
>
> [..] del desolado Norte salitroso,
> allí dijo: "Esta tierra, esta riqueza
> será de Chile, esta materia blanca
> convertiré en escuelas, en caminos,
> en pan para mi pueblo.[60]

Los fragmentos citados del poema efectivamente logran a expresar la extensión del de descontento del poeta ante el robo descarado de recursos y la siguiente pobreza del continente a mano de los explotadores norteamericanos.

Se encuentra en el Canto General un sustrato universal poético, que corresponde sin equívocos a la personalidad del poeta. Es una poesía llena de toma de conciencia, una poesía rapsódica, que se inclina hacia lo oscuro, hacia lo entrañable, hacia algo que rompe lo formal.

Esta posición del poeta representada en dicho libro vuelve a aparecer en el ensayo *Mito e historia: Dos generadores del Canto General*, «Neruda, poeta de un continente cuyos pueblos han sido condenados al despojo, a la miseria y al estancamiento, habitante de un mundo explotado, expoliado por la voracidad capitalista, no se puede contentar con la visión natural, primitiva, paradisíaca. Adhiere a un partido proletario y quiere que su poesía pase del mito a la historia, de la evocación nostálgica al combate, de la oscuridad a la claridad, de la soledad a la solidaridad».[61] Para el poeta chileno una de las mayores amenazas del continente es – el 'Imperialismo' con sus agentes locales y foráneos. Un conjunto de poemarios de *Canto general* pone en clara manifestación esta preocupación del poeta, en la cual destacan los poemas «La Standard Oil Co., «La United Fruit Co.», «Los explotadores», «Los abogados del Dólar», «La Anaconda Copper Mining Co.» etc.

> Cuando sonó la trompeta, estuvo
> todo preparado en la tierra,
> y Jehová repartió el mundo
> a Coca-Cola Inc., Anaconda,

[60] Neruda. «Balmaceda de Chile» en *Canto general*, 152-153.
[61] Yurkievich, *Op. Cit.*, 11.

Ford Motors, y otras entidades:
la Compañía Frutera Inc.
se reservó lo más jugoso,
la costa central de mi tierra,
la dulce cintura de América.
Bautizó de nuevo sus tierras
como «Repúblicas Bananas»,
y sobre los muertos dormidos,
sobre los héroes inquietos
que conquistaron la grandeza,
la libertad y las banderas,
estableció la ópera bufa :
enajenó los albedríos,
regaló coronas de César,
desenvainó la envidia, atrajo
la dictadura de las moscas,
moscas Trujillos, moscas Tachos,
moscas Carías, moscas Martínez,
moscas Ubico, moscas húmedas
de sangre humilde y mermelada,
moscas borrachas que zumban
sobre las tumbas populares,
moscas de circo, sabias moscas
entendidas en tiranía.[62]

Son poemas cuyo propósito es traer la atención a la explotación e injusticias cometidas por las corporaciones y empresas extranjeras, particularmente los norteamericanos e ingleses, sobre las poblaciones nativas de América Latina.

Neruda tiene gran éxito como portavoz de las Américas porque la poesía de *Canto general* es poesía telúrica, es decir, poesía en la que la tierra americana es la protagonista y héroe de la épica es las Américas. Con este estilo, Neruda intenta retratar la historia verdadera del pueblo americano y crear una identidad y nacionalismo cultural en Latinoamérica. Se puede ver la maestría de Neruda como portavoz al fin, cuando invita a los de abajo en su poema titulado *Sube a nacer conmigo, hermano* en «XII Canto»:

Dame la mano desde la profunda
zona de tu dolor diseminado [..]

[..] Mírame desde el fondo de la tierra,
labrador, tejedor, pastor callado:

[62] Neruda. «La United Fruit Co.» en *Canto general*, 237-238.

domador de guanacos tutelares:
albañil del andamio desafiado:
aguador de las lágrimas andinas [..]

Mostradme vuestra sangre y vuestro surco,
decidme: aquí fui castigado,
porque la joya no brilló o la tierra
no entregó a tiempo la piedra o el grano:
señaladme la piedra en que caísteis
y la madera en que os crucificaron [...]

Yo vengo a hablar por vuestra boca muerta [..][63]

En este poema, el poeta invita a los habitantes del pasado de la tierra, prácticamente ignorados en la historia hasta ese momento, a nacer a través de él. Habla de un nacimiento, no de un renacimiento, una creación de un nuevo orden en la tierra, un orden que no se basa en la conquista geográfica española o la conquista capitalista de América del Norte. Las implicaciones políticas de este proyecto épico se orientan hacia un mundo donde la injusticia contra los pueblos indígenas no podría ocurrir. Su postura pro-indígena trae las culturas olvidadas de las Américas a la palestra. El poema resucita las culturas nativas del pasado y denuncia las prácticas de la sociedad destinadas a silenciarlas. Al apropiarse de las voces del pasado, el poeta provocó un cambio en el sistema que se había deteriorado durante los últimos quinientos años. A través de la voz de los pueblos olvidados, el poeta intenta proclamar una nueva patria, una de esperanza y justicia. Costa afirma que el carácter épico del *Canto General* contribuyó a "to move the reader totally, to affect not only his literary sensibility but his social consciousness as well"[64]

«emocionar al lector totalmente, a afectar no solo su sensibilidad literaria, sino también su conciencia social». (traducido por mí)

En todo el libro *Canto general*, se observa claramente que en su poesía el poeta pone a los obreros, los trabajadores, junto con las personas revolucionarias como los personajes positivos que encarnan la lucha por la verdadera libertad del continente. Durante una época en que América experimenta muchos conflictos políticos y sociales, en que la región cuenta con el cultivo de muy poca cantidad de literatura vinculada con las realidades sociales. En tal momento, la poesía de Neruda aparece en la escena, como un testimonio a favor del que se halla en pro

[63] Neruda. «Sube a nacer conmigo, hermano» en *Canto general*, 37-38.
[64] Costa. *Op. Cit.*, 99.

de pueblo, que se rige por una conciencia política, social, y que lo lleva a escribir en el *Canto General*, una crónica de América donde exalta la grandeza de este continente y condena sus lacras, analiza su historia como una lucha permanente entre opresores y héroes que buscan la reivindicación, e ilumina el futuro.

Ahora, se intenta poner de relieve la faceta más angustiada y militante de la poesía de Neruda. En medio de las perturbaciones[65] etc. que tenían lugar en los países del continente americano, Neruda le echa de menos a Miguel Hernández, el comprometido poeta español que sacrificó su vida por la causa de los republicanos durante la Guerra civil española. La represión franquista inserta el acto de solidaridad del poeta dentro del gravísimo delito de «efectuar propaganda subversiva» y merecedora, por tanto, de condena de muerte. Neruda fue un personaje muy importante en la vida de Miguel Hernández, y tuvo mucho que ver en su cambio de orientación poética y personal. El poeta chileno le inició en el camino de la poesía «impura» y del compromiso político. Pablo Neruda denuncia a los criminales que asesinaron en la prisión con torturas al gran poeta de Orihuela, Miguel Hernández, y también menciona a los culpables del crimen, indirectamente en el poema «A Miguel Hernández, asesinado en los presidios de España», que halla su sitio en *Canto general*. Bastarán unos fragmentos del poema para aproximarnos al sentido de dolor y rechazo ante la fatalidad, a la expresión de odio y condena hacia sus verdugos:

> Llegaste a mí directamente del Levante. Me traías,
> pastor de cabras, tu inocencia arrugada, [..]
>
> Ya sabes, hijo mío, cuánto no pude hacer, ya sabes
> que para mí, de toda la poesía, tú eras el fuego
> azul [..]
>
> [..] Que sepan los que te mataron que pagarán con sangre.
> Que sepan los que te dieron tormento que me verán
> un día.
> Que sepan los malditos que hoy incluyen tu nombre
> en sus libros, los Dámasos, los Gerardos, los hijos
> de perra, silenciosos cómplices del verdugo,
> que no será borrado tu martirio, y tu muerte
> caerá sobre toda su luna de cobardes. [..]
>
> Miguel de España, estrella
> de tierras arrasadas, no te olvido, hijo mío,

[65] Los regimenes dictatoriales, frecuentes masacres etc que tenían lugar en los países centro y sudamericanos.

no te olvido, hijo mío!
Pero aprendí la vida
con tu muerte: mis ojos se velaron apenas,
y encontré en mí no el llanto,
sino las armas
inexorables!
Espéralas! Espérame![66]

El los versos citados se encuentra una tremenda intensidad, con un acento infunde pena, ira y una desesperada invocación contra la muerte del compañero desaparecido del poeta. Hay un Neruda que se resuelve aquí incontenible, con un lenguaje cargado de dolor y maldiciones. Con esta poesía Neruda crea la verdadera poesía de compromiso social. Opina Edmundo Olivares Briones sobre el citado poema, «Hay aquí una dolida ternura y un inmenso respeto hacia este hombre que ha enseñado a todos vivir y morir defendiendo la causa que ha abrazado».[67]

Hay otro poema en *Canto general* de iguales fuertes sentidos de fatalidad e ira ante los autores de violencia y represión perpetrada en América Latina, titulado *Los enemigos*, cuyo fondo está constituido por el fatídico día del 11 de septiembre de 1973 en que tuvo lugar un golpe de estado en Chile que produjo la muerte de Salvador Allende (entre otros muchos) y que fue el punto de partida del exterminio, tortura y barbarie que los hombres del general Pinochet llevarían a cabo durante décadas. Este poema de Pablo Neruda está dedicado a aquellos militares que terminaron con el presidente de Chile, con parte de su pueblo, con la democracia y con los sueños de toda una nación.

Así, *Canto general* constituye verdaderamente la historia poética de América Latina y es ampliamente conocida como una defensa ilustrada de pueblos oprimidos y subyugados en toda América Latina, tal como el autor los había percibido. Jean Franco respalda esta observación, diciendo: "*Canto general* is a giant epic which covers the whole cultural, geographical and historical development of Chile, the American continent and the world class struggle".[68]

---

[66] Neruda. «A Miguel Hernández, asesinado en los presidios de España» en *Canto general*, 417-419.
[67] Edmundo Olivares Briones. «Pablo Neruda: los caminos de América». 2004. *Memoria Chilena*. http://www.memoriachilena.cl/archivos2/pdfs/MC0052255.pdf (accedido 10 de Enero de 2017), 211.
[68] Jean Franco. *The Modern Culture of Latin America: Society and the Artist* (New York: Frederick A. Praeger, 1967), 159.

«Canto general es un poema épico gigante que cubre todo el desarrollo cultural, geográfico e histórico de Chile, del continente americano y de la lucha de clases en el mundo». (traducido por mí)

Luego, al cabo de unos años en 1954, Pablo Neruda publicó la primera de sus tres colecciones de odas, las *Odas elementales* que resultan particularmente interesantes por su fusión de una cantidad considerable de doctrina social y de muchos temas tradicionalmente considerados «no poéticos»[69] en poesía de acción muy efectiva. Los poemas de *Odas elementales* evocan aire, átomos, esperanza, lluvia, pan, amor, poesía y vida. Se observa que el poeta socializa y politiza cada uno de estos materiales mientras que al mismo tiempo los estetiza. Ahora su poética se convierte en elementos ordinarios de una existencia material. Las odas, aunque escritas en un lenguaje más ordinario y sencillo, nos permiten comprender mejor el equilibrio duradero entre el compromiso social y la estética en la poética general de Neruda.

En el poema «El hombre invisible», el poeta expresa que la poesía no debe ser solo para la élite privilegiada, sino que debe diseñarse para el hombre común. Neruda critica a « los viejos poetas» que son insensibles al pueblo desfavorecido, a sus sufrimientos:

> [...] él pasa sin saber
> desgranarla,
> él sube y baja
> sin tocar la tierra,
> o a veces
> se siente profundísimo
> y tenebroso,
> él es tan grande
> que no cabe en sí mismo,
> se enreda y desenreda,
> se declara maldito,
> lleva con gran dificultad la cruz
> de las tinieblas,
> piensa que es diferente
> a todo el mundo,
> todos los días come pan
> pero no ha visto nunca
> un panadero
> ni ha entrado a un sindicato

[69] Costa. *Op. Cit.*, 178.

de panificadores.[70]

Neruda afirma que él es diferente de tales poetas del mundo, y es el que realmente entiende la difícil situación de los trabajadores, de la gente común. El poeta expresa que a través de su poesía, intenta unir a otros, especialmente las clases desfavorecidas, y darles voz, a diferencia de aquellos otros poetas que tienen la cabeza en las nubes y se olvidan de lo que los rodea.

Dadme para mi vida
todas las vidas,
dadme todo el dolor
de todo el mundo,
yo voy a transformarlo
en esperanza.
Dadme
todas las alegrías,
aun las más secretas,
porque si así no fuera,
cómo van a saberse?
Yo tengo que contarlas,
dadme
las luchas
de cada día
porque ellas son mi canto,
y así andaremos juntos,
codo a codo,
todos los hombres,
mi canto los reúne:
el canto del hombre invisible
que canta con todos los hombres.[71]

Estas odas son obras que construyen una relación entre la gente común y el poeta, no las declaraciones de un poeta que solo se preocupa por lo estético, lejos de las realidades sociales. Estas odas del poeta chileno vinculan la poesía con los elementos banales y ordinarios aunque importantes.

Neruda toma una postura notablemente firme contra la dominación capitalista en el continente, en «Oda a las Américas». El poeta condena la explotación de las Américas 'purísimas' a manos de Norte América y los títeres imperialistas Machado, Batista y Trujillo. En el poema, refiriéndos a ellos como

[70] Neruda. «El hombre invisible» en *Odas elementales*, 6.
[71] *Ibid*, 9.

«nuevos conquistadores», condena las injusticias impuestas sobre el pueblo y expresa su profunda tristeza al ver la constante explotación por las fuerzas capitalistas durante décadas que resultó en la contaminación de su "purísima" patria.

> Muere un Machado y un Bautista nace.
> Permanece un Trujillo.
> Tanto espacio
> de libertad silvestre,
> Américas, […]
>
> […] Llegan de Pennsylvania
> los expertos,
> los nuevos
> conquistadores,
> mientras tanto
> nuestra sangre
> alimenta
> las pútridas
> plantaciones o minas subterráneas,
> los dólares resbalan
> y
> nuestras locas muchachas
> se descaderan aprendiendo el baile
> de los orangutantes.
> Américas purísimas,
> sagrados territorios,
> qué tristeza![72]

En su «Oda a la crítica», Neruda hace expresivo lo que es realmente importante en su percepción:

> Junto a mi poesía
> volvieron a vivir
> mujeres y hombres,
> de nuevo hicieron fuego,
> construyeron casas,
> comieron pan,
> se repartieron la luz
> y en el amor unieron
> relámpago y anillo.
> Y ahora,

[72] Neruda. «Oda a las Américas» en *Odas elementales*, 24-26.

perdonadme, señores,
que interrumpa este cuento
que les estoy contando
y me vaya a vivir
para siempre
con la gente sencilla.[73]

Al elegir vivir con esta gente sencilla que vive y trabaja al lado de su poesía, el poema anhela establecer una conexión con los trabajadores, con los obreros. Su poesía hizo ropa para los pobres, redes para pescadores, camisas de color escarlata para bomberos, tal camino de poesía nerudiana se halla en «Oda al hilo»:

Ahora,
ahora,
el hilo,
el hilo
que se irá haciendo ropa
para los que no tienen
sino harapos,
redes
para los pescadores,
camisas
de color
escarlata
para los fogoneros
y una bandera
para todos.[74]

El hilo de su poesía atraviesa la humanidad. Es evidente que su hilo político y poético fue un elemento de su poética que creó ideología para los trabajadores y los unió en uno. El otro poema, titulado «Oda a la poesía» hace expresivo el sentido de preocupación y solidaridad hacia las personas marginadas:

Juntos, Poesía,
fuimos
al combate, a la huelga,
al desfile, a los puertos,
a la mina.[75]

[73] Neruda. «Oda a la crítica» en *Odas elementales*, 58.

[74] Neruda. «Oda al hilo» en *Odas elementales*, 98.

[75] Neruda. «Oda a la poesía» en *Odas elementales*, 191.

Su equilibrio de estética y compromiso es increíble. Neruda se esforzó por crear un modelo de solidaridad para los trabajadores, para la gente común a través de su poesía. La dedicación del poeta hacia su relación con el proletariado se refleja en un conjunto de poemas. Jaime Alazraki, haciendo un apto análisis de las *Odas elementales*, dice que «La composición de la oda permite a Neruda organizar el material del poema desde una perspectiva doble que realiza al poeta enamorado de lo elemental y le posibilita cumplir con sus deberes políticos. Definido el principio constructor de la oda en términos de una estructura trimembre que asigna a cada parte una función diferenciada pero estrechamente relacionada con el resto, es posible distinguir más claramente sus propósitos últimos: exaltar, celebrar, elogiar, pero en el mismo impulso y medida, exigir, condenar, amenazar. En este sentido la oda elemental se acerca al apólogo o a la fábula: la historia tiene validez narrativa pero su justificación última: descansa en su didactismo. El sistema de la oda funciona de manera semejante: hay una creación lírica que inevitablemente desemboca en una enseñanza, en una advertencia, en una lección y, a veces, en una moraleja. Más que ningún otro género poético la oda elemental transparenta al nivel de la forma ese dilema que recorre toda la obra de Neruda: la poesía como expresión de un yo que el poeta quiere salvar y la poesía como una bandera, como un arma de combate, como un compromiso social».[76]

Resumiendo todo lo dicho, podemos afirmar que las obras poéticas de Neruda están inclinadas a denunciar la injusticia social de los más desfavorecidos envolviendo al lector comprometiéndolo en lo ideológico, en lo histórico y en la conciencia social. En ambas obras instrumentales Canto general y Odas elementales, es evidente que la poesía y el compromiso continúan uniéndose aún más de diez años después de la guerra civil española. La poesía continuó trabajando hacia un lugar donde el equilibrio podría continuar descaradamente. El poeta pro-pueblo sería el líder que es modelo a seguir en su patria. Más tarde, con su obra Nuevas odas elementales, Neruda siguió construyendo la estética y el compromiso en esta colección mientras buscaba elementos que podrían contribuir al lugar ideal donde ese equilibrio podría sobrevivir. Su compromiso social trabaja con su poética; juntos también le recuerdan al lector sus responsabilidades sociales y estéticas.

---

[76] Jaime Alazraki. «La Estructura de la Oda Elemental» en *Análisis crítico a la obra nerudiana*. https://www.neruda.uchile.cl/critica/alazraki.html (accedido el 12 de Febrero de 2017).

Universalidad de la poesía comprometida del poeta chileno: Neruda en la literatura mundial

La literatura mundial o universal define un espacio que es poscolonial, no canónico y en gran medida posmoderno. Amalgama lo global y lo local, haciendo de la literatura un ímpetu cultural. David Damrosch de la Universidad de Columbia ha descrito la literatura mundial como «un espacio elíptico»[77] que se crea entre la fuente y las culturas receptoras donde el canon literario sufre un cambio del núcleo relativamente restringido de obras maestras a un enfoque universal.

Neruda, a través de sus prodigiosas y diversas obras poéticas, se adentra en la vida interior del pueblo, ya sea la guerra civil en España, durante el ataque nazi contra la URSS o los levantamientos sociopolíticos en América Latina unidos a la pérdida de la democracia y al establecimiento de regímenes dictatoriales en la región. Sus poemas contra el fascismo y el despotismo parecen expresar las luchas que enfrentan los ciudadanos de todo el mundo. A través de estos poemas, los lectores pueden recibir una perspectiva ampliada del conflicto regional en lugar de limitar su conocimiento dentro del canon literario.

Con la idea de «literatura mundial» de Damrosch, los poemas del 'Picasso de la poesía', es decir, Pablo Neruda se consideran hoy como una pieza significativa de la literatura mundial a sus característicos temas del fascismo, la guerra y la solidaridad con la clase desfavorecida de la sociedad y el uso de la dicción sencilla que ha hecho que sus obras sean traducibles y, por lo tanto, ampliamente leídas más allá de los límites geográficos y culturales. *Tercera residencia*, *Canto general*, *Odas elementales* son las obras magnas nerudianas de hondo calado social y literario que no pueden ser limitadas en el espacio ni en el tiempo. Encontramos la universalidad en la experiencia de la existencia humana y sus luchas, independientemente de las diversas influencias geográficas culturales en la poesía de Neruda, como opina Edward Hirsch, «Neruda remains an immense presence in poetry. His work contained multitudes, like that of his great predecessor Walt Whitman, and sometimes, like Whitman, he contradicted himself. But his overall achievement is stunning. He was destined to become a wondrous love poet, the singer of an endlessly proliferating nature, an important

---

[77] David Damrosch. «Frames for World Literature» en *Grenzen der Literatur*. https://www.bu.edu/premodern/files/2012/01/DAMROSCH-Frames-for-WL.pdf (accedido 3 de Marzo de 2017), 513.

poet of political conscience. He was a great Chilean poet, a great Latin American writer, and, finally, a great poet of the World literature».[78]

«Neruda sigue siendo una presencia inmensa en la poesía. Su trabajo contiene multitudes, como la de su gran predecesor Walt Whitman, y en ocasiones, como Whitman, se contradijo a sí mismo. Pero su logro general es impresionante. Estaba destinado a convertirse en un maravilloso poeta del amor, el cantante de una naturaleza infinitamente proliferativa, un importante poeta de la conciencia política. Fue un gran poeta chileno, un gran escritor latinoamericano y, finalmente, un gran poeta de la literatura mundial». (traducido por mí)

La producción poética de Neruda es asombrosa: miles de poemas, algunos largos, algunos cortos. Su trabajo se mueve rápidamente de un estilo a otro, de un estado de ánimo a otro. En el mundo de poesía, el poeta chileno no tiene parangón, sean poemas de amor u oda a la naturaleza o los grandes poemas políticos de indignación, lucha y esperanza. Si hay algo que une su obra masiva, es su amor por el mundo, su pasión por las cosas pequeñas como las conchas marinas y por importantes desarrollos históricos como la guerra civil española, golpe de estado chileno, el ataque nazi contra la URSS etc. Como poeta, no solo conmovió a sus lectores por todo el mundo, sino que también se convirtió en fuente de inspiración de una generación de artistas con raíces sociales, como resalta Jorge Heine: «There is Neruda the firm believer in international solidarity and humanism, especially apparent in his efforts to help refugees of the Spanish Civil War go to Chile; there is the mentor and supporter of younger poets and writers (including so many of Chile's leading writers today, including Isabel Allende, Antonio Skármeta and Jorge Edwards) whose company he cherished and for whom he was a great inspiration».[79]

«Neruda es el firme creyente de la solidaridad internacional y el humanismo, especialmente evidente en sus esfuerzos para ayudar a los refugiados de la Guerra Civil Española a ir a Chile; Él es el mentor y el apoyo de poetas y escritores más jóvenes (incluidos muchos de los principales escritores chilenos de la actualidad, como Isabel Allende, Antonio Skármeta y Jorge Edwards) cuya compañía apreció y para los que fue una gran inspiración». (traducido por mí)

Neruda era un poeta tan popular, tan querido porque hizo todo poéticamente. Neruda tenía una gran fe en el poder de la poesía, que «no se debía

---

[78] Edward Hirsch. «Poetry: Pablo Neruda» en *The Wilson Quarterly* 22.2 (1998): 113-118. www.jstor.org/stable/ 40259760 (accedido 18 de Mayo de 2017).

[79] Jorge Heine. «The death of a poet» en *The Hindu* 12 Abril 2013: Op-Ed. https://www.thehindu.com/ opinion /lead/the-death-of-a-poet/article4606996.ece (accedido el 18 de Marzo de 2017).

al hecho de que escribió miles de poemas, sino porque la gente más común y ordinaria lo apreciaba».[80] Neruda ha escrito sobre la guerra y sobre las máquinas, sobre las ciudades y sobre salas sobre el amor y el vino, sobre la muerte y sobre la libertad. Por lo tanto, separar su ética de su estética significará distanciar al hombre de su poesía. El poder, la pasión y el alma del hombre brilla a través de sus poemas. Su obra, que oscila desde meditaciones épicas sobre política e historia hasta reflexiones íntimas sobre animales, comida y objetos cotidianos, está llena de humor y afecto.

El poeta mismo lo expresa de la siguiente manera: «Debí detenerme y buscar el camino del humanismo, desterrado de la literatura contemporánea, pero enraizado profundamente en las aspiraciones del ser humano. La idea de un poema central que agrupara las incidencias históricas, las condiciones geográficas, la vida, las luchas de nuestros pueblos, se me presentaban como una tarea urgente».[81] No quiso una poesía aislada que tratará de cosas sublimes mientras la tierra se rompía como cristales rotos. Los poemas de Pablo Neruda contribuyeron a la sociedad enfocando y dando importancia al estado de los diferentes sectores de la sociedad, en los asuntos políticos caóticos y la pasión que pone en la escritura. El poeta chileno sigue siendo una presencia inmensa en la poesía. Era un poeta de la libertad y el cantante de una naturaleza infinitamente proliferativa, una voz necesaria de la conciencia social. Su obra es radiantemente impura y obstinadamente humana. Los poemas nerudianos son sinceros, no inventados y realistas. Qué mejor lente para acercarse a una civilización que a través de su poesía. Los periodistas ofrecen una narración de primera mano de los eventos e historiadores dan explicaciones ponderadas de las fuerzas detrás de los eventos. Pero a los poetas les queda abordar lo inexplicable, examinar el corazón mismo.

Neruda, uno de los verdaderos hombres de conciencia del siglo XX, a quien a menudo se llama el "poeta de la humanidad esclavizada", estaba comprometido con la reforma social, asumió la causa de los desposeídos de este mundo. Neruda creía que la poesía podía cambiar el mundo y sabía que la poesía bien elaborada y apasionada podía, en las circunstancias adecuadas, crear revoluciones estéticas, políticas y culturales. Una buena cantidad de la poesía de Neruda habla contra la opresión, contra la gente y alienta las reformas sociales. La relación del poeta con

[80] Vibha Maurya. «Poetry, Politics and Pablo Neruda» en *People's Democracy* 2004. http://archives.peoplesdemocracy.in/2004/0808/08082004_vibha%20maurya.htm (accedido el 12 de Junio de 2017).
[81] Pablo Neruda. *Confieso que he vivido* (Barcelona: Seix Barral, 1974), 196.

las masas era evidente en cada poema que hablaba. En su vida frenética pero maravillosa, le dio una gran importancia al estatus social de los diferentes sectores de la sociedad. Muestra preocupación por el estatus social, a través de su deseo de dar justicia a las personas que fueron afectadas por las personas groseras e injustas en su orden social.

El poeta chileno prometió un compromiso con el humanitarismo, empleando la literatura para enriquecer, dar poder y participar en la búsqueda del cambio social progresivo. Las palabras de Neruda nos atraen no como hazañas intelectuales de complejidad, sino como descripciones del mundo real, de nuestro mundo común.

Desde las primeras décadas del siglo XX, Neruda bajó la poesía de la atmósfera enrarecida del salón y se la dio al pueblo, una voz comunitaria, arraigada en la tradición oral, disparada por la pasión cruda y la lucha por la justicia. Tan intensamente reconocido como es, Pablo Neruda llevó una vida personal, política y literaria en proporciones extremadamente polémicas y épicas. Lo mejor de su poesía celebra el amor, la naturaleza y la experiencia humana: "He was once referred as the Picasso of poetry, alluding to his protean ability to be always in the vanguard of change. And he himself has often alluded to his personal struggle with his own tradition, to his constant need to search for a new system in each book".[82]

«Alguna vez se le llamó el Picasso de la poesía, aludiendo a su capacidad proteica de estar siempre a la vanguardia del cambio. Y él mismo a menudo ha aludido a su lucha personal con su propia tradición, a su constante necesidad de buscar un nuevo sistema en cada libro». (traducido por mí)

La poesía de Neruda no solo es rica y conmovedora, evocadora sino que suscitó la conciencia pública a las realidades de las injusticias que enfrenta no solo América Latina, sino el mundo entero. Si hablamos de la literatura mundial, los rasgos que posee esta literatura son discutidos y elaborados por muchos teóricos. El presente estudio contempla en aquellos aspectos y características de la literatura universal o mundial de la que habla David Damrosch. Según él, los temas que abarca una obra debe ser universal en carácter que transcienda los límites de las influencias hegemónicas dominantes en cuanto a los aspectos socioculturales y políticos comunes a las personas, independientemente de las diferencias de origen, idioma y exposición.

---

[82] Costa. *Op. Cit.*, 16.

Al ver la poesía de Neruda a través de la lente de la literatura universal, se puede establecer un paralelo entre el relato de los poetas europeos que escribieron sobre el tema de la guerra, el cual constituye un tema universal dentro del marco de la literatura mundial. En aquellos poetas europeos destacan Siegfried Sassoon y Wilfred Owen y sus poemas, al igual que e igual que los de Neruda nos ofrecen imágenes horrendas de las atrocidades y violencia asociadas con la guerra que incluyen familias rotas, hombres aniquilados y la destrucción de tantas ciudades de España. Tales imágenes por medio de la poesía son capaces de conmover el lector sea cual sea su idioma o región y este aspecto ha permitido a Neruda expandir el ámbito del canon literario y así por establecer un compromiso poético contra la opresión y la violencia.

Al emplear una dicción sencilla, Neruda intenta cerrar la brecha entre su poesía y la gente. El lenguaje parece provocar que los lectores sientan las duras realidades enfrentadas durante la crisis política (sea España, los países de América, URSS etc), que vean la historia desde la perspectiva de los víctimas indígenas. A través de las imágenes y símbolos empleados en sus poemas se puede observar una desviación estricta del estilo canónico de la escritura. Su manera de resaltar lo colectivo y lo universal en la gama de sus experiencias individuales marca su importancia en el dominio de la literatura mundial. La definición de Damrosch de literatura mundial elabora esta categoría como algo funcional: "I take world literature to encompass all literary works that circulate beyond their culture of origin, either in translation or in their original language".[83]

«Considero que la literatura mundial abarca todas las obras literarias que circulan más allá de su cultura de origen, ya sea en la traducción o en su idioma original».
(traducido por mí)

Pablo Neruda es una de las principales figuras de la poesía del siglo XX, que ha sido traducida más que las de cualquier otro poeta latinoamericano de su época. Los poemas han sido traducidos al inglés por «traductores de primer nivel como Elizabeth Bishop, Galway Kinnell, W.S. Merwin, Alastair Reid, Mark Strand and Richard Wilbur».[84] También figuran Samuel Beckett, Lysander Kemp y J. Merrill como destacados traductores de las obras nerudianas. Ampliamente traducido, Neruda probablemente llegó a más lectores que cualquier poeta de la

[83] David Damrosch. «What Is World Literature?» en *World Literature Today* 77.1 (2003): 9-14. www.jstor.org/stable/40157771 (accedido el 14 de Abril de 2017), 11.
[84] Ilan Stavans, ed. *The FSG Book of Twentieth-Century Latin American Poetry: An Anthology* (Nueva York: Farrar, Straus and Giroux, 2011), 3.

historia, como solía decir, cumplió la obligación de todo poeta de convertirse en una voz para todos aquellos que no tenían la voz. La tesis de Mangala Ethaiya Rani nos ofrece una importante suma de detalle sobre la traducción y lectores de las obras del 'Picasso de la poesía' Neruda: "Neruda has been fortunate in his translators. His chief translator has been Ben Belitt, whose anthology Five Decades: A Selection of Poems (1925-1970) provides an excellent introduction to the range of Neruda's achievement. Belitt talks about the problems and pleasures of translating Neruda in Adam's Dream (1978). An outstanding translation of "The Heights of Macchu Picchu" was made by NicholasTarn (1966). Excellent translations of various works have been made by Robert Bly, Angel Flores, Alastair Reid, Donald Walsh and many others. Neruda has been the subject of a vast amount of critical work, but most of it is available only in Spanish. English readers begin with Rene de Costa's *The Poetry of Pablo Neruda* (1979), but Robert Pring-Mill's introduction to his *Pablo Neruda: a Basic Anthology* (1975) also provides a concise and valuable survey of Neruda"s life and work. Valuable insights into the poetry are provided by Neruda himself in his Memoirs, translated by Hardie St. Martin."[85]

«Neruda ha sido afortunado con sus traductores. Su traductor principal ha sido Ben Belitt, cuya antología *Five Decades: A Selection of Poems* (1925-1970) ofrece una excelente introducción al conjunto de los logros de Neruda. Belitt habla sobre las dificultades y el placer de traducir a Neruda en *El sueño de Adán* (1978). Una traducción excepcional de «Las Alturas de Macchu Picchu» fue realizada por Nicholas Tarn (1966). Hay excelentes traducciones de varias obras por Robert Bly, Angel Flores, Alastair Reid, Donald Walsh y muchos otros. Neruda ha sido objeto de una gran cantidad de trabajo crítico, pero la mayor parte del mismo está disponible solo en español. Los lectores en inglés comienzan con *La poesía de Pablo Neruda* (1979) de René de Costa, pero la introducción de Robert Pring-Mill a su *Pablo Neruda: una antología básica* (1975) también proporciona un estudio conciso y valioso de la vida y obra de Neruda. Útiles intuiciones sobre la poesía son provistos por el propio Neruda en sus *Memorias*, traducidas por Hardie St. Martin». (traducido por mí)

Según David Damrosch, literatura mundial es el trabajo, en gran mediada, realizado en la traducción, "A defining feature of world literature, then, is that it consists of works that thrive in translation."[86] «Una característica que define la

[85] Mangala Ethaiya Rani. «Illuminating perceiving reflecting exploring and appreciating Pablo Neruda's voice and vision of social consciousness in his select vibrant verses». 16 de Octubre de 2015. *Shodhganga*. Infilibnet. http://shodhganga.inflibnet.ac.in/handle/10603/51174 (9 de Julio de 2017), 12.
[86] Damrosch. «Frames for World Literature», 497.

literatura de valor universal, es que consiste de obras que prosperan en la traducción» (traducido por mí). Vibha Maurya, por ejemplo, afirma que Neruda es «uno de los poetas más leídos y traducidos de cualquier idioma extranjero en la India».[87] La traducción inmortaliza el tiempo en los textos y reinventa las identidades históricas. La traducción nos ha permitido leer a Neruda en el campo de las literaturas mundiales. En el contexto de la India, el ex embajador de Chile, Jorge Heine, en su artículo titulado *Pablo Neruda, poeta del pueblo*, nos proporciona detalles de la cantidad de traducciones que se llevan a cabo en India de las obras de Neruda: "His work had a strong impact on Indian, especially Bengali poets, starting with his *España en el corazón*, which draws on his years in Barcelona and Madrid just before the Spanish Civil War, and where he associated with Federico García Lorca, Rafael Alberti, Miguel Hernández and others of that remarkable generation of Spanish poets. Ilan Stavans's massive, 1000-page volume *The Poetry of Pablo Neruda*, published in 2003, has made available an excellent selection of 600 poems for the English-speaking public. And this year has seen the publication of several of his works in India, including an anthology in Hindi published by the Sahitya Akademi in a translation by Chandrabali Singh, *Pablo Neruda: Kavita Sanchyan*; the recent book by Professor Priyadarsi Mukherji of JNU, *Cross Cultural Impressions;* as well as a documentary, *Soul Connection*, on the relationship between a number of Latin American writers (most prominently Neruda) and India, while Professor K. Satchidanandan continues to translate and publish Neruda in Malayalam".

> «Su trabajo tuvo un fuerte impacto en los poetas indios, especialmente los bengalíes, comenzando con su España en el corazón, que se basa en sus años en Barcelona y Madrid justo antes de la Guerra Civil española, y donde se asoció con Federico García Lorca, Rafael Alberti, Miguel Hernández y otros de esa notable generación de poetas españoles. El volumen enorme de 1000 páginas de Ilan Stavans, *La poesía de Pablo Neruda*, publicado en 2003, ha puesto a disposición una excelente selección de 600 poemas para el público de habla inglesa. Y este año se ha registrado la publicación de varias de sus obras en India, incluida una antología en hindi publicada por la Sahitya Akademi en una traducción realizada por Chandrabali Singh, *Pablo Neruda: Kavita Sanchyan*; el reciente libro del Profesor Priyadarsi Mukherji de la Universidad Jawaharlal Nehru (JNU), *Cross Cultural Impressions*; así como un documental, *Soul Connection*, sobre la relación entre varios escritores latinoamericanos (el más destacado, Neruda) e India, mientras que el Profesor K. Satchidanandan continúa traduciendo y publicando Neruda en Malayalam». (traducido por mí)

---

[87] Maurya, *Op. Cit.*, 2.

La importancia del contexto de las obras de Neruda «es ampliar los horizontes del lector a través del encuentro con las diferencias culturales».[88] Damrosch piensa que las obras literarias refractan la realidad, en lugar de reflejarlas, por lo tanto, dándonos formas de pensar y trabajar en torno a las tensiones internas y las perspectivas del mundo. Los poemas de Neruda refractan la naturaleza universal de las tensiones y las posibilidades presentes en la realidad a través de sus puntos de vista individuales.

Pablo Neruda poseía una conexión extraordinaria con su entorno y pueblo. Fue capaz de manifestar esa conexión a través de su poesía. Muy hábilmente, Neruda logró en reflejar los distintos aspectos del individuo y la sociedad en general, convirtiendo su poesía en un microcosmo del mundo existente. El mismo poeta alude a este hecho cuando dice que «Mi poesía no rechazó nada de lo que pudo traer en su caudal; aceptó la pasión, desarrolló el misterio, y se abrió paso entre los corazones del pueblo. Me tocó padecer y luchar, amar y cantar; me tocaron en el reparto del mundo, el triunfo y la derrota, probé el gusto del pan y de la sangre ¿Qué más quiere un poeta? Y todas las alternativas, desde el llanto hasta los besos, desde la soledad hasta el pueblo, perviven en mi poesía, actúan en ella, porque he vivido para mi poesía, y mi poesía ha sustentado mis luchas».[89] Es un testimonio increíble de su vida y obra que su poesía e imagen continúan siendo apropiadas en el siglo XXI. Desde sus comienzos humildes, Neruda se convirtió en mucho más que un legado de poesía. Él dio voz a las personas que tenían más dificultades para ser escuchadas. Neruda escribió sobre su amor por el mundo que lo rodea: a veces sobre el amor, otras sobre la curiosidad y, finalmente, sobre la injusticia y la protesta humanas. Su objetivo era hablar por los sin palabras y cantar por los mudos.

Entre las voces duraderas de un siglo tumultuoso, testigo y cronista de sus acontecimientos más decisivos, Pablo Neruda es el poeta más querido de la literatura mundial y uno de los escritores más respetados de América Latina: el emblema del poeta comprometido, un artista cuyo corazón, siempre con la gente se consume de forma apasionada. Neruda era en gran medida un hombre y un poeta de su tiempo, que vivió durante las primeras tres cuartas partes del siglo XX, una época muy diferente a la nuestra. Pero eso no lo hace menos universal.

---

[88] David Damrosch. «World Literature Today: From the Old World to the Whole World» en *Symplokē* 8.1/2 (2000): 7–19. www.jstor.org/stable/40550471 (accedido 19 de Febrero de 2017), 9.
[89] Neruda. *Confieso que he vivido*, 241-242.

Su voz permanece con nosotros y permanecerá durante mucho tiempo. Él es más que Chile, es un poeta importante para el mundo, para la literatura universal.

LA POESÍA DE RAGHUVĪR SAHĀY

कुछ होगा
कुछ होगा अगर मैं बोलूँगा
न टूटे
न टूटे तिलिस्म सत्ता का
मेरे अन्दर एक कायर टूटेगा[90]

Sucederá algo,
sucederá algo si hablo yo
que este hechizo de poder no muera,
morirá un cobarde dentro de mí. (traducido por mí)

Estos versos capturan la quintaesencia del espíritu de Raghuvīr Sahāy (1929-1990): su convicción y compromiso como poeta consciente y responsable. Su sentido de responsabilidad social lo instó a elegir el periodismo como su campo profesional, lo que le permitió estar en el centro de los eventos del día durante cuatro décadas. Sahay nunca vio ninguna disparidad entre su compromiso con la realidad y su lealtad a la literatura. «La poesía debe enraizarse en la realidad», el poeta afirma en su declaración en *Dūsarā Saptaka*[91]. Se mantuvo fiel a su determinación de «estar completamente alerta a la realidad social»[92] en todos sus escritos.

Ahora entramos en el mundo de la literatura hindi donde hallamos la figura destacada de Raghuvīr Sahāy dentro de marco de la poesía de compromiso. Teniendo en cuenta que Sahay trae consigo un bagaje de genio individual que no puede caber en cualquier escuela progresista, romántica o moderna de la poesía en la literatura hindi, se le puede comparar con Neruda, en la forma que yuxtapone lo personal con lo impersonal. Él sigue siendo un poeta difícil de emular, pocos pueden esperar a tener su vasta experiencia con la gente, su profunda simpatía humana, la aparente sencillez de su lenguaje y el dominio completo sobre el arte poético.

Angustia e Inquietud por el país recién liberado: Poesía de Sahay en la era pos-independencia

En la época posterior a la independencia (1947) de la India la lucha por la vida permaneció igual en el país. Aunque se liberó de la dependencia política,

[90] Raghuvir Sahay. «Ātmahatyā kē viruddha» en *Raghuvīr Sahāy Racanāvalī*, Vol. 1, editado por Suresh Sharma (Nueva Delhi: Rajkamal, 2000), 144.
[91] Agyeya, ed., *Dūsrā Saptak* (Nueva Delhi: Bhartiya Gyanpeeth, 1996), 139.
[92] *Ibid.*, 138.

sin embargo la cuestión del pan, de sobrevivir siguieron sin resolverse. Se prometió a la gente el establecimiento de un gobierno cuyas políticas económicas 'en pro del pueblo', posteriormente no se las realizaron. Por lo cual, los ciudadanos, particularmente de los estratos sociales más bajos, encontraron con la desesperación y el desengaño. En la escena social, tras la independencia, y aún hoy en día, hasta hoy se ve el aumento del sentido de discordia y de lucha entre la clase dominante y el pueblo humilde. En medio de tal ambiente de desánimo evolucionó la poesía de Raghuvir Sahay, asociándose con las realidades sociales y haciendo partido por la lucha del pueblo humilde.

El compromiso de Raghuvir Sahay ha sido siempre con los valores sociales. El país acababa de independizarse cuando comenzó a escribir. Con la independencia, surgió un tipo especial de romanticismo en la literatura y en la sociedad, caracterizado por algunos sueños de la gente, algunos de ellos eran los sueños dorados. Iguales sueños, iguales esperanzas deben haberse hallado en el corazón de Sahay. Se percibe esto en sus primeros poemas. Lamentablemente, después de la independencia, la libertad con la que la India había soñado, comenzó a quebrarse gradualmente. Incluso después de la independencia, la sociedad abatida no estaba libre de la inercia, el desencanto y las supersticiones tradicionales. La libertad vino a nosotros después de una esclavitud política, pero todas las otras esclavitudes permanecieron intactas en su lugar. Sahay estaba entre los pensadores que constantemente habían examinado esta independencia. Entendió bien que era mucho más necesario comprender y proteger esa independencia que lograrla meramente. Así pues la poesía de Sahay continuó luchando por la vida, la libertad, la justicia, la igualdad, los derechos y la humanidad.

Tan pronto como la India obtuvo la independencia (1947) después de mucha lucha y sacrificio desde décadas, una nueva ola de alegría se extendió en la gente, una nueva ola de conciencia comenzó a existir. Había un sueño común en la mente de todos de que se establecería una sociedad mejor y más justa en la democracia de esta gran India, se pavimentaría el camino del bienestar de los pueblos, todos los indios trabajarían juntos para el progreso soñado del país. Aunque los gobernantes del país recientemente independiente se comprometieron a cumplir este sueño de la gente del país, siguieron engañando al público durante casi una década. El público en general gradualmente comenzó a experimentar que fue engañado, porque después de la independencia, en lugar de debilitarse la brecha económica entre ricos y pobres, las discriminaciones sociales, el atraso económico, etc. comenzaron a fortalecerse en cambio. Raghuvir Sahay expresa esta desilusión en los siguientes versos:

बीस वर्ष
खो गये भरमे उपदेश में
एक पूरी पीढ़ी जनमी पली पुसी क्लेश में
बेगानी हो गई अपने ही देश में ।[93]

बीस बरस बीत गए
लालसा मनुष्य की
छटपटा कर मिट गयी ।[94]

Han terminado veinte años,
en los sermones
estamos perdidos y engañados,
una entera generación ha crecido en tribulaciones,
para nada más que convertirse en "otro"
en su propio país. (traducido por mí)

Veinte años pasaron
Ansias del hombre
murió retorciéndose (traducido por mí)

Después de la independencia, la elite y la clase alta tomaron las riendas del poder, su concepto de desarrollo se basó en la estructura industrial desarrollada del Occidente. El plan de desarrollo que Jawaharlal Nehru había imaginado, estaba inspirado en la estructura feudal y capitalista, pero en un país como India, donde el 80 por ciento de la población del país vive en los pueblos, y la mayoría vive por debajo del umbral de la pobreza, esta idea de Nehru resultó ser un fracaso.

Por un lado, hubo una pérdida de las tradiciones de los pueblos, su economía, por otro lado, en las ciudades donde residían los capitalistas, la construcción de edificios de gran altura, la introducción de la moda más nueva comenzaron a aumentar. En las industrias del sector público, la mayoría estaba dominada por los capitalistas. El dinero que debería utilizarse en la tarea de

---

[93] Sahay. «Mērā pratinidhi» en *Racanāvalī* 1, 109.
[94] Ibid, 89-90.

desarrollo y en construcciones, comenzó a entrar en la bóveda de los capitalistas, corruptos oficiales y políticos, y debido a esto, la corrupción a nivel gubernamental tanto como no gubernamental comenzó a florecer en el país. Las personas desdichadas empezaron a huir a las ciudades en busca de sus medios de subsistencia. Raghuvir Sahay escribe en el poema titulado «Bhīṛa mēṁ maikū aura maiṁ» :

रोज थोड़ा थोड़ा मरते हुए लोगो का झुण्ड
तिल तिल खिसकता है शहर की तरफ ।[95]

Muriendo cada día poco a poco,
un grupo de personas desventuradas
se mueve hacia la ciudad (traducido por mí)

Por un lado, el desarrollo de la industrialización y el elitismo en las ciudades, por otro lado, crecientes tugurios y barrios, y un número de personas hambrientas y atemorizadas que comenzó a crecer rápidamente. La época posterior a la independencia atestiguó la invasión china de 1962 el desorden político, la corrupción, las falsas promesas dadas por los líderes, el aumento creciente de la inflación, la inanición y la administración corrupta fueron algunos de los elementos que desilusionaron al público.

El poeta vio las condiciones imperantes en el país, las experimentó y les dio expresión con la realidad intacta de su poesía. Las situaciones y vacuidad de la era Nehru, la desilusión y las inseguridades del pueblo común, reconociendo todo esto, el poeta con conciencia social expresa:

दूर -
राजधानी से कोई क़स्बा दोपहर बाद छटपटाता है
एक फटा कोट एक हिलती चौकी एक लालटेन
दोनों , बाप मिस्तरी और बीस बरस का नरेन
दोनों पहले से जानते हैं पेंच की मरी हुई चूड़ियाँ
नेहरु-युग के औज़ारो को मुसद्दीलाल की सबसे बड़ी देन ।
अस्पताल में मरीज छोड़ कर आ नहीं सकता तीमारदार
दुसरे दिन कौन बताएगा की वह कहाँ गया ।[96]

---

[95] Raghuvir Sahay. *Ātmahatyā kē viruddha* (Nueva Delhi: Rajkamal, 1967), 55.
[96] Sahay. «Ātmahatyā kē viruddha» en *Racanāvalī 1*, 144.

Muy lejos
Una ciudad cerca de la capital comienza a retorcerse por la tarde
Un abrigo andrajoso y desgastado, una chabola y una linterna
un padre albañil y su hijo Naren de veinte años
Ambos ya conocen los tornillos contorsionados
Las herramientas de la era Nehru son los regalos más sardónicos
para los obreros.
El asistente no puede dejar al paciente en el hospital
¿Quién le dirá el otro día adónde fue? (traducido por mí)

El sistema democrático de gobierno que se había adoptado para el bienestar y el desarrollo del país, se convirtió en un juguete para los políticos. Democracia significa el gobierno del pueblo, para el pueblo y por el pueblo; hoy su significado ha sido transformado en un gobierno de los politiqueros, para los politiqueros y por los politiqueros. En un estado tan deteriorado de la democracia, el poeta se molesta y trata de sacar a la gente de tal situación. Hoy la naturaleza de la democracia ha cambiado. Sahay dice enojosamente:

लोकतंत्र का मजाक बनते
देख रहे हैं बेहद बूढ़े
कुछ कम बूढ़े कहें कि क्या यह लोकतंत्र है?
इनसे भी कम बूढ़े कहते हैं कि मार दो
बेहद कमबूढ़ों को नफरत लोकतंत्र से
बाकी सब को एक दुसरे से नफरत है।[97]

Se burla la democracia
y en los espectadores de esta burla
algunos son demasiado viejos
algunas menos viejas solo dicen, ¿es esto una democracia?
los menos viejos quieren matarla
los que no son tan viejos odian la democracia
y, los demás se odian entre sí. (traducido por mí)

Se ha puesto en ridículo a la democracia, y se pone en tela de juicio si es en la democracia en la que el pueblo no se siente seguro.

Durante el período 1960-1963, Raghuvir Sahay, ha destacado las desigualdades y condiciones de la política india en la columna «Dillī kī ḍāyarī» (Diario de Delhi) de la revista *Dharma Yuga*. Sahay escribía esta columna bajo el seudónimo de 'Sundar Lāl'. Sus poemas penetran directamente en el entorno

[97] Sahay. «Būṛhē» en *Racanāvalī 1*, 286.

general de la política y se conectan y extienden la solidaridad con los explotados, denunciando la naturaleza explotadora de la clase poderosa y capitalista.

La clase dominante satisface sus intereses creados bajo la consigna de democracia, explota a los pobres y el pueblo no tiene el valor suficiente para oponerse a este dominio. La clase dominante, la burguesía, los terratenientes intentan introducir la monarquía quebrantando el sistema democrático. Raghuvir Sahay escribe en el poema «Lōkatantra kā saṅkaṭa» :

सब व्यवस्थाएं अपने को और अधिक संकट के लिए
तैयार करती रहती हैं
और लोगों को बताती रहती हैं
कि यह व्यवस्था बिगड़ रही है
तब जो लोग सचमुच जानते हैं कि यह व्यवस्था बिगड़ रही है
वे उन लोगों के शोर में छिप जाते हैं
जो इस व्यवस्था को और अधिक बिगाड़ते रहना चाहते हैं
क्योंकि
उसी में उनका हित है
लोकतंत्र का विकास राज्यहीन समाज की ओर होता है।
इसलिए लोकतंत्र को लोकतंत्र में शासक बिगाड़कर राजतंत्र बनाते हैं।[98]

El sistema sigue preparándose
para más crisis, y
Sigue diciéndole a la gente que
este sistema se está deteriorando.
Entonces aquellos que realmente saben
que este sistema se está deteriorando,
se esconden en el ruido de esas personas
que quieren arruinar más a este sistema;
porque
ellos tienen un hacha que afilar.
Parece que
el desarrollo de la democracia lleva a la anarquía
Es por eso en la democracia
el poderoso la empeora en la monarquía. (traducido por mí)

Así pues la democracia resulta simbólica. Un ambiente de terror reina en el país. Con esta democracia 'no funcional' y 'destructiva', ¿Cómo se puede imaginar un país ideal, una sociedad idónea?

98 *Ibid*, 316.

En 1972, la política india experimentó una crisis inimaginable. Tan pronto como la entonces primera ministra Sra. Indira Gandhi se dio cuenta de que su trono se había vuelto inestable, tomó el control de todos los derechos del sistema democrático de gobierno, abusando de su poder. Se anunció el estado de emergencia. Como resultado, los derechos de la sociedad y del pueblo fueron arrebatados. Al imponer la censura a la publicación de noticias, la libertad de expresión se estranguló, por lo tanto, estrangulando a la gente y la democracia. El terror se extendió por todo el país. La gente del campo político tenía miedo de salir de la casa porque temían que los encarcelaran sin ningún motivo. Las restricciones también se impusieron a la libertad de los escritores que tuvieron que usar diferentes modos y medios de expresión. Comenzaron a recurrir a la sátira, así como, a elementos simbólicos o figurativos. En el período de emergencia, algunos de los escritores se adelantaron y expresaron audazmente sus puntos de vista en sus propias obras sobre la situación despótica en el país. Raghuvir Sahay ha sido un poeta y escritor de la conciencia del humanismo, de la libertad humana. Durante el Estado de Emergencia, experimentó la situación agobiante del país. Debido a las reglas y restricciones impuestas al periodismo, el poeta se puso aún más agitado. Por lo tanto, fue natural y obvio la expresión nítida y testimonial del régimen despótico.

En el año de imposición del Estado de Emergencia, se publicó el libro de poema de Sahay, *Haṁsō haṁsō jaldī haṁsō*. En este poemario, el poeta alude a los vientos de la crisis que se avecinaba en el poema titulado « Ānewālā khatrā» dirigido a un imaginario Ramesh, termina proféticamente: :

इस लज्जित और पराजित युग में
कहीं से ले आओ वह दिमाग
जो खुशामद आदतन नहीं करता
जल्दी कर डालो कि फलने – फूलनेवाले हैं लोग
औरतें पियेंगी आदमी खायेगा – रमेश
एक दिन इसी तरह आएगा - रमेश
कि किसी की कोई राय न रह जाएगी - रमेश
क्रोध होगा पर विरोध न होगा
अर्जियों के सिवाय – रमेश
खतरा होगा खतरे की घंटी होगी
और उसे बादशाह बजायेगा - रमेश ।[99]

[99] Sahay. «Ānēvālā k͟ha͟tarā» en *Racanāvalī 1*, 160.

En esta era humillada y derrotada
trae aquella mente de cualquier lugar
que no adule habitualmente
hazlo pronto porque la gente va a florecer
hombres y mujeres ambos sufrirán - Ramesh
Vendrá un día como éste- Ramesh
A nadie se le permitirá opinar - Ramesh
Habrá ira, pero no habrá oposición
salvo apelaciones y peticiones - Ramesh
Habrá peligro,
habrá alarma
y el emperador
hará sonar la alarma - Ramesh.

Es evidente en estos versos que esta crisis va a ser impuesta por el régimen de Indira Gandhi. Cuando, el que es responsable de la seguridad del pueblo, hace sonar la alarma para la gente común, la gravedad del momento está claramente indicada. Estos poemas ofrecen una visión profética de cómo el poder estatal autoritario hacía que los derechos de los ciudadanos comunes carecieran de valor. Mientras el estado se oponga a los ciudadanos y actúe principalmente como un mecanismo coercitivo para promover los intereses de las elites gobernantes, los poemas de Raghuvir Sahay serán recordados y citados en las conversaciones diarias.

Resulta irónico que la clase dominante del país, que planteó una amenaza a la democracia al restringir y comprometerse con los derechos básicos de los ciudadanos, grita consignas de que el país y la democracia están en peligro. En un estado de emergencia, Raghuvir Sahay, que satirizó la prohibición de las actividades de los ciudadanos comunes, escribe que hay una prohibición de la risa de la persona, por lo que aconseja comprender las situaciones antes de reírse en el poema titulado *Ham̐sō ham̐sō jaldī ham̐sō* :

हँसो तुम पर निगाह रखी जा रही है
हँसो अपने पर न हँसना क्योंकि उसकी कडवाहट
पकड़ ली जाएगी और तुम मारे जाओगे
ऐसे हँसो कि बहुत खुश न मालूम हो
वरना शक होगा कि यह शख्स शर्म में शामिल नहीं
और मारे जाओगे ।[100]

[100] Sahay. «Ham̐sō ham̐sō jaldī ham̐sō» en *Racanāvalī 1*, 168.

Ríete, estás siendo observado
Ríete, no te rías de ti mismo por tu amargura
Serás capturado y serás asesinado
Ríete de tal manera que no te veas tan feliz,
Si no, dudarán de que se te caiga la cara de vergüenza
y, serás asesinado. (traducido por mí)

Raghuvir Sahay no tenía ninguna afiliación política, no era partidario de ninguna ideología política en particular, ni estaba comprometido con promesas políticas, asociado con el faccionalismo de los partidos, pero los eventos políticos que vio y las consecuencias políticas que el poeta había experimentado, los presentó ante la gente a través de su poesía.

Así, en los poemas de Raghuvir Sahay, se encuentran subyacentes las expresiones de intensa furia y resentimiento hacia el régimen. En la situación de no poder hacer nada, el dolor surge en el corazón del poeta, que escribe los siguientes versos expresándolo:

लोगों, मेरे देश के लोगों और उनके नेताओं
मैं सिर्फ एक कवि हूँ
मैं तुम्हें रोटी नहीं दे सकता न उसके साथ खाने के लिए गम
न मैं मिटा सकता हूँ ईश्वर के विषय में तुम्हारा संभ्रम ।[101]

Gente, mis compatriotas y sus líderes
no soy más que poeta
No puedo daros pan ni la mermelada de dolor a comer con él
Ni puedo borrar tu confusión acerca de Dios. (traducido por mí)

La gente permanece callada como un cadáver, al que llama el poeta 'las caras dentro de la mortaja'. Según el poeta, si seguimos soportando las injusticias así, un día nos convertiremos en esclavos de nuestra propia gente en nuestro país. Para protegerse de esta esclavitud, una profunda conciencia de masa es indispensable. Todo lo que está sucediendo en el país hoy, cualesquiera sean los problemas, debe examinarse y resolverse cuidadosamente. Es necesario el desarrollo de la conciencia política, para que el pueblo y los gobernantes avancen en la dirección del interés nacional. Esta conciencia estado siempre presente también en la poesía de Sahay. El poeta quiere incorporar la conciencia política a la gente del país. La gente sigue siendo espectadores y víctimas mudos de la tiranía de los gobernantes. Por eso dice el poeta:

---

[101] Sahay. «Nētā kṣamā karēṁ» en *Racanāvalī 1,* 118.

एक मेरी मुश्किल है जनता
जिससे मुझे नफ़रत है सच्ची और निःसंग
जिसपर कि मेरा क्रोध बार-बार न्योछावर
होता है ।[102]

Uno de mis problemas es público
a quien odio
fielmente y solitariamente,
a quien le dedico todo mi enojo
repetidamente. (traducido por mí)

En cuanto al ámbito político en la etapa posterior a la independencia de la India, la dualidad de los líderes, su ineficiencia, la insinceridad de los representantes electos hacia sus responsabilidades, la desilusión, el miedo y el terror se representan en los poemas de Sahay, expresando así la conciencia política del poeta.

Según Sahay, un poeta tiene una responsabilidad particular hacia la sociedad, que debe ser cumplida por él como su deber principal. Un poeta siempre debe estar del lado de la verdad. Sahay, en sus poemas, lanza diatribas sobre artistas literarios que dicen ser literatos pero que están influenciados por una ideología particular o un partido político, permitiendo que tal influencia se apodere de sus obras, y por lo tanto vacilan en abrir un espacio para la verdad en sus obras. Dice el poeta:

यह ताकत आज से पहले तुम्हारी आवाज में
नहीं थी, तुम्हारे विचार में भी दम नहीं था
पर आज जब तुमने मेरे विचार ले लिए हैं
और उन्हें सत्ता की ताकत से कहा है
तो उस पर एक खास तरह की हँसी आती है
पर मैं दबाता हूँ क्योंकि मैं
तुम्हारे हाथों
अपने विचार की बरबादी बचाने के लिए
अपने विचार को अपनी ही तरह कहने के लिए
रखता हूँ
और तुम्हें एक अंधी गली में फंसने के लिए
छोड़ता हूँ ।[103]

[102] Sahay. «Svādhīna vyakti» en *Racanāvalī 1*, 107.
[103] Sahay. «Tumhārē vicāra» en *Racanāvalī 1*, 215.

Este vigor que está en tu voz hoy
no existía antes, no había peso en tus pensamientos
Pero hoy cuando has tomado mis pensamientos
Y los dijo ante poderosos
pues, eso causa un tipo especial de risa
y yo la evito porque
No permití la ruina de mi pensamiento
a manos de tí
Para decir mis pensamientos a mi manera
y te dejo en oscuro
a hallarte perdido
entre las marañas de los callejeros. (traducido por mí)

Raghuvir Sahay sostiene los trabajos de cualquier literato no deben estar bajo presión de ningún partido político o ideología con miras a hacerse popular. Si hay peso en el trabajo, se popularizará automáticamente. Pero hoy en día muchos literatos intentan contar con el apoyo de los elementos no-literarios para ganar popularidad de inmediato, para establecerse como un gran literato popular, sin importarles el en nivel o alcance de su trabajo.

La literatura es portadora de la verdad, por lo que es necesario ser honesto. Sin embargo, para decir la verdad, se deben tolerar muchas torturas, que Raghuvir Sahay conoce muy bien. Además de ser una persona literaria, el poeta también era un conocido periodista, por lo que ha cumplido con sus responsabilidades literarias con gran eficiencia y honestidad. Él ha dado voz a la verdad a través de sus composiciones. No tenía miedo de decir la verdad. El poeta escribe:

हम कवि यों हरदम दो सतहों पर जीते हैं
एक जहाँ हम घुटन छिलने से बड़ा सत्य पाते हैं
एक जहाँ कोई लहुलुहान मेरा प्रतिरूप
एक बड़ा सत्य कहता है, मुझको आनंद में
जिए चलें जाने को छोड़कर ।[104]

Vivimos en dos superficies de poesía
Una donde encontramos una gran verdad sofocante
Una donde mi prototipo sangrante
dice la gran verdad, dejándome atrás
para dejarme vivir feliz. (traducido por mí)

---

[104] Sahay. *Racanāvalī 1*, 303.

Raghuvir Sahay opina que la literatura debería abrir los ojos y ser la fuente de energía y conciencia. Su literatura general también refleja esta característica de la literatura. Mientras da voz a la realidad de la sociedad contemporánea, su poesía nos advierte, nos despierte. El poeta Sahay es consciente de sus creaciones, es consciente de sus responsabilidades.

Pues así, los poemas de Raghuvir Sahay contienen muchas referencias a las inconsistencias y tragedias de la política contemporánea. En ellos, por un lado, hay una serie de contextos políticos como el Parlamento, elecciones, votantes, manifestaciones, eslóganes, consignas, ministros, academias, celebraciones, y por otro lado, se expone las relaciones vacías entre individuo, sociedad y democracia.

Una voz fuerte por la emancipación social: fase madura de la poesía de Sahay

Lo que un artista crea por medio de su talento, recibe el toque de la vida y la sociedad, y lleva a la sociedad a una nueva dirección. Cada palabra expresada en su obra resulta ser un pensamiento concreto, una experiencia de envergadura social. Al observar las realidades de la vida, al vivirlas y al ser consciente de ellas, un artista literario presenta una posibilidad y un enfoque universal hacia la realidad. Tal literatura no permanece como una mera obra literaria, pero se convierte en un logro importante. Los poemas de Raghuvir Sahay son las diversas dimensiones de tales logros literarios.

En cualquier significativa composición poética, en realidad, se recrea la vida real a la sazón. Esta recreación de la realidad en la obra literaria es posible en su totalidad solamente cuando el autor tiene una perspectiva científica. La realidad debe verse no de manera autónoma, sino dentro del proceso de desarrollo histórico con una visión revolucionaria del futuro. Raghuvir Sahay era una figura literaria y revolucionaria que tenía tales puntos de vista científicos. Como periodista y escritor, el poeta ha visto, experimentado y examinado muy de cerca los problemas y las discrepancias presentes en la sociedad y lo expresa con sutileza. Debido al estrecho contacto con las realidades de la vida, su poesía se caracteriza por una representación muy genuina y conmovedora de la realidad social. Raghuvir Sahay escribe: "सामाजिक विकास में समाज के अन्य सचेत अंगो की भांति लेखक का भी दायित्व होता है [...] आज हमारे समाज में त्रास और कुंठा का वातावरण है और सांस्कृतिक क्षेत्रों में महत्वपूर्ण परिवर्तन हो रहे हैं। ऐसी परिस्थिति में लेखक का कर्तव्य है कि वे पूर्ण उत्तरदायित्व के साथ जनचेतना के स्वस्थ विकास का प्रयत्न करे। हम मानते हैं

कि कलात्मक सृजन का मूल स्रोत सामाजिक वास्तविकता है। और परिवर्तनशील सामाजिक वास्तविकता के प्रति जागरूक रहना कलाकार का कर्तव्य है। [...] युद्ध, शोषण, भय, और आतंक समाज के स्वस्थ विकास में अवरोध उत्पन्न करते हैं। लेखकों का कर्तव्य है कि इन्हें उत्पन्न करने वाली शक्तियों का विरोध करते हुए शांति,समृद्धि और विचार स्वातंत्र्य का पथ प्रशस्त करें।"[105]

«En el desarrollo y la elevación de la sociedad, el autor también tiene la responsabilidad igual que los otros órganos conscientes de la sociedad ... Hoy en día existe una atmósfera de desaliento y frustración en nuestra sociedad y se están produciendo cambios significativos en las áreas culturales. En tal situación, el deber del autor es que debe esforzarse con plena responsabilidad por el desarrollo saludable de la conciencia de las personas en la sociedad. Creemos que la fuente básica de la creación artística es la realidad social. Y es deber del artista estar atento de la realidad social cambiante [...] La guerra, la explotación, el miedo y el terror plantean serios desafíos en el proceso de desarrollo inclusivo de la sociedad. Es deber de un autor oponerse a tales fuerzas que las generan para allanar el camino hacia la paz, prosperidad y libertad de expresión». (traducido por mí);

En lo que respecta a la conciencia social, en la poesía de Raghuvir Sahay encontramos que hay un esfuerzo constante por «tomar más conciencia de las realidades sociales y comprender la sociedad de una manera más humana y científica».[106]

Por lo tanto, el intento de Raghuvir Sahay no es solo presentar la realidad, sino llevar al nivel de sentimiento de un lector con su totalidad el resultado poético de la realidad que se ha creado. Son su comprensión de las realidades sociales y su habilidad de establecer una relación significativa con los lectores las que han posibilitado la expresión de sus composiciones poéticas en una forma más eficiente. Sahay siempre se ha esforzado por explorar las diversas dimensiones creativas de su relación con el pueblo, lo que puede conducir a una asociación y cercanía significativa con el pueblo.

Hay una amplia difusión de la conciencia social en los poemas de Raghuvir Sahay. Sus poemas están completamente arraigados en la conciencia social en sus términos más profundos. En el primer poema «Merā jeevan», dice el poeta:

मेरा एक जीवन है
उसमें मेरे प्रिये हैं, मेरे हितैषी हैं, मेरे गुरूजन हैं
उसमें मेरा कोई अन्यतम भी है।[107]

Tengo una vida
hay mis queridos, mis amigos, mis gurús

---

105 Raghuvir Sahay. «Introducción», *Carta de Asociación de Escritores de Lucknow* (Lucknow: 1950), 1.
106 Agyeya. *Op. Cit.,* 138.
107 Sahay. «Mērā ēka jīvana hai» en *Racanāvalī 1,* 95.

en eso
hay muchos otros también. (traducido por mí)

Aquí hay una vida, con la gente conectada con ella, existe la soledad de la ciudad, pero al final hay esperanzas:

सारे संसार में फ़ैल जायेगा एक मेरा संसार
दो चार को छोड़
सभी मुझे करेंगे
कभी न कभी प्यार[108].

Mi mundo
se extenderá por todo el mundo,
dejando dos cuatro personas
todos me amarán
antes o después. (traducido por mí)

El poeta tiene muy presente su responsabilidad social. Aboga el cultivo poético que se vincula con la era y la sociedad. Porque es imposible la creación poética significativa al desarraigarse o alienarse de la sociedad. Imagina de una sociedad en la que no exista ninguna diferencia entre las castas superiores e inferiores, ninguna discriminación del género, intocabilidad etc. La poesía de Sahay expresa la condición del pueblo común en la perspectiva de la conciencia social. Describe el estado social de las mujeres, los niños, los pobres, los explotados y los que sufren.

El dolor y angustia expresados en la poesía de Sahay revelan su ansiedad social. El poeta no huye de ellos, sino las abraza. Los considera necesario para la vida y también está dispuesto a soportarlos. Escribe el poeta:

जग की ही तो कोई बात नही झेल लेंगे
झेलने को बैठा हुआ यहाँ रघुवीर है[109]।

[...] और मुझमे कुछ दूर तक घिसटता जाता हुआ ।[110]

Soportar el dolor
no importa, incluso si es de todo el mundo
Raghuvir está aquí para soportarlo.

[108] *Ibid*, 95.
[109] Sahay. «Jhēla lēṅgē» en *Racanāvalī 1*, 77.
[110] Raghuvir Sahay. *Ātmahatyā kē viruddha* (Nueva Delhi: Rajkamal, 1967), 43.

[…] y algo está siendo arrastrado dentro de mí.
(traducido por mí)

La faceta más importante tanto de la personalidad como de la poética de Sahay es: el amor y la preocupación hacia el pueblo en general. Debemos decir básicamente que estos elementos están en el centro de la poesía. Son el amor, el profundo apego y la confianza del pueblo que le hace el gran poeta en la literatura hindi. Los versos de «Apne āp aur bekār» :

यही मेरे लोग हैं
यही मेरा देश है
इसी में रहता हूँ
इन्हीं से कहता हूँ
[..] तमाम लोग
खुश और असहाय
उनके बीच सहता हूँ उनका दुःख[111]

Estas son mi gente,
este es mi país,
moro aquí mismo,
hablo sólo con estas personas.
Viviendo en medio de mi pueblo
feliz y abatido
sufro las miserias suyas. (traducido por mí)

Al igual que Neruda, quien funda la revista *Caballo verde para la poesía* con miras a resaltar la poesía de referencialidad y alcance social, en que publica un manifiesto en octubre del 1935, titulado «Sobre una poesía sin pureza» que propugna la poética que hace parte de las realidades sociales, de la vida corriente. Raghuvir Sahay también fundó junto con sus amigos, la 'Asociación de Escritores de Lucknow', donde el poeta aboga por la poesía de la misma índole. El poeta habla del principio básico en la Carta de la Asociación: "सामाजिक विकास में समाज के अन्य सचेत अंगों की भांति लेखक का भी दायित्व होता है। आज हमारे समाज में त्रास और कुंठा का वातावरण है और सांस्कृतिक क्षेत्रों में महत्वपूर्ण परिवर्तन हो रहे हैं। ऐसी परिस्थिति में लेखकों का कर्त्तव्य है कि वे उत्तरदायित्व के साथ जन चेतना के स्वस्थ विकास का प्रयत्न करें। हम मानते हैं कि कलात्मक सृजन का मूल स्रोत सामाजिक वास्तविकता है और परिवर्तनशील सामाजिक वास्तविकता के प्रति जागरूक रहना कलाकार का कर्त्तव्य है। ... युद्ध, शोषण, भय और आतंक समाज के स्वस्थ विकास में अवरोध

[111] *Ibid*, 19.

उत्पन्न करते हैं. लेखकों का है कर्त्तव्य कि इन्हें उत्पन्न करने वाली शक्तियों का विरोध करते हुए शांति, समृद्धि और विचार स्वतंत्र्य का पथ प्रशस्त करें" ।[112]

«El desarrollo social es también una obligación del autor y el poeta, al igual que otros órganos conscientes de la sociedad. Hoy en día prevalece un sentido de desaliento y frustración en el entorno asimismo se están produciendo importantes cambios en nuestra sociedad. En tales circunstancias, el deber de los escritores es intentar lograr un desarrollo adecuado de la conciencia de las masas con plena responsabilidad. Creemos que la fuente básica de la creación artística es la realidad social y el deber de un artista es ser consciente de una realidad social cambiante. La guerra, la explotación, el miedo y el terror son las barreras en el establecimiento de una sociedad armoniosa y justa. Los autores tienen el deber de allanar el camino de la paz, la prosperidad y la libertad de ideas, mientras se oponen a las fuerzas tiranas». (traducido por mí)

Así la poesía de Sahay encuentra en el realismo social su motivación más profunda, en virtud de la cual, se ocupa de los anhelos, las luchas, los sufrimientos y las realidades amargas de la sociedad, más que quedar fascinada por la belleza y meterse en la lírica de amor y separación :

"परिणय की पीड़ा के अतिरिक्त धरा पर दु:ख हैं बहुतेरे
दृग वातायन खोलो, आंसू के परदे सरका कर देखो
कितने दु:खग्रस्त अभागों से अब तक हम थे आँखें फेरे
उनके हित यह आंसू सिरजो
उनके सुख के सपने देखो
मेरे स्वर में अपना स्वर दे
उन स्वर हीनों की जय बोलो[113]

Hay innumerables sufrimientos en este planeta
además de las tribulaciones de la vida matrimonial
Abre la ventana de tus ojos, y mire al quitar las cortinas de lágrima
Por tanto tiempo hemos ignorado a tantas personas abatidas y desventuradas
Por su bienestar limpiemos estas lágrimas
Veamos los sueños de su felicidad
Vayamos a unir tu voz conmigo
Vayamos a saludar a aquellos no escuchados. (traducido por mí)

La conciencia de Sahay es la de un periodista y su sensibilidad la de un poeta. La voz original de sus poemas consiste de la realidad, que es básicamente la realidad de la India tras la independencia. Raghuvir Sahay tiene una fe profunda

---

[112] Sahay. *Carta*, 1.
[113] Raghuvir Sahay. «Du:kha» en *Jyotsnā*, 1948, no. 5: 67.

en los valores democráticos para la sociedad moderna y civilizada, como la justicia, la independencia y fraternidad. Ha alzado la voz en donde ha visto la falta de estos valores. Su poesía presenta una inquietud para cambiar el decadente orden social. El poeta no pone fin a su poesía simplemente simpatizando con las víctimas y expresando su resentimiento contra los tiranos, sino que infunde un sentido de revolución al exponer el sistema social anarquista.

Veinte años de independencia pasaron con las falsas garantías de los politiqueros. Las elecciones se han convertido en un enredo, un lío de los politiqueros. Cada cinco años, el público elige a un nuevo candidato como su representante con una nueva esperanza, pero cada vez la gente termina frustrada y decepcionada. El compromiso del poeta le galvaniza a reflejar el caos extendido en el espejo de la sociedad. En su colección poética llamada «Ātmhatyā ke viruddh» critica severamente al sistema. El Parlamento, la democracia, el pueblo, la votación, el lathicharge (la policía golpeando a los manifestantes con la porra), el gas lacrimógeno, el toque de queda, etc. no están relacionados con la paz y la armonía, sino con los abusos de los derechos públicos. Raghuvir Sahay da voz a los problemas de los votantes moribundos, a sus preocupaciones, a las disensiones ante este adverso sistema político a través de su poema:

> कितना अकेला हूँ मैं इस समाज में
> जहाँ सदा मरता है एक और मतदाता [..][114]
>
> Cuán solo estoy en esta sociedad,
> donde siempre fallece un votante más. (traducido por mí)

En el poema titulado *Netā kshamā karein* recurriendo a su creatividad sobresaliente, el poeta intenta hacer llegar su preocupación ante la complejidad y seriedad de la realidad social al exponer la corrupción, la hipocresía, el ánimo adulador de los políticos. En dicha obra lírica, la vacuidad de los políticos aparece con todas sus anomalías y discrepancias:

> सिंहासन ऊँचा है, सभाध्यक्ष छोटा है
> अगणित पिताओं के
> एक परिवार के
> मुँह बाए बैठे हैं लड़के सरकार के
> लूले काने बहरे विविध प्रकार के[115]
>
> El trono es alto, su poseedor es pequeño

---

[114] Sahay. «Kōī ēka aura matadātā» en *Racanāvalī 1*, 135.

[115] Sahay. «Mērā pratinidhi» en *Racanāvalī* 1, 109.

esperan el poder
los ávidos descendientes de poderosos
de los padres innumerables
en una familia de
los cojos, sordos, mudos. (traducido por mí)

El vacío y desengaño de la era Nehru, la difícil situación económica de entonces, el inquieto poeta que sufre por la inseguridad de la población dice:

फिर कुछ लोग उठे बोले कि आइए तोड़ें पुरानी - फिलहाल मूर्तियाँ
साथ न दो हाथ ही दो सिर्फ उठा
झोले में बंद कर एक नई मूर्ति मुझे दे गए[116]

Más tarde, unas personas me persuadieron,
destrocemos a estos viejos ídolos
no importa que no eches una mano pero al menos nos acompañes
y, me dieron envuelto en una bolsa un nuevo ídolo.
(traducido por mí)

La cultura consumista no se preocupa por los intereses de la gente sencilla, de sus alegrías y dolores, de sus pérdidas y ganancias. Es tan inhumana esta cultura que se refiere a situaciones angustiantes como "la hambruna" de una manera superficial con gran maestría en los periódicos y revistas, pues su objetivo no es transmitir simpatía hacia las víctimas del hambre sino generar más beneficios creando una llamativa sensación mediante las imágenes coloridas. El poeta se siente lastimado al ver la corrupción artística y el egoísmo entrañado en ello. Raghuvir Sahay, mientras fustiga esas imágenes coloridas, insta a los medios de comunicación a tomar partido por los pobres agraviados pueblos, mediante el poema titulado «Kank» :

यदि तुम रंगों का यह हमला
रोक सको तो रोको वरना
मत आँकों तस्वीरें
कम से कम विरोध में
और अगर चेहरे गढ़ने हों तो
अत्याचारी के चेहरे खोजो
अत्याचार के नहीं
इसको हम जानते बहुत हैं
वह अब छिपता फिरता है[117]

---

116 Sahay. «Nētā kṣamā karēṁ» en *Racanāvalī 1*, 118.
117 Sahay. «Raṅgōṁ kā hamalā» en *Racanāvalī 1*, 210.

Si puedes detener este ataque de colores, detenlo, si no,
no vea las imágenes, al menos en la oposición,
y si quieres enmarcar la cara
encuentra no la de la opresión
sino del opresor
que es bien conocida
y que se sigue escondiendo (traducido por mí)

El poema expresa que el poeta se opone a la opresión diseminada en la sociedad, así como se esfuerza en desarraigar sus causas. El poeta comprometido como Nagarjuna también ha tratado de engendrar sentimientos hacia la población afectada por el hambre al escribir un desgarrador poema titulado «Akāl aura usakē bād».

La cultura consumista carece de los valores sociales, los valores humanos y los valores culturales. En esta cultura, la decadencia de los valores está tan dominada que la persona vacila en testimoniar, en represaliar contra la injusticia, incluso antes de abrir su boca, piensa de a quién él debe indicar el asesino, en que se quede seguro:

हर एक हत्या में, पक्ष किसका लेंगे
तय किया करते हैं उस समय
जबकि हत्यारे को पहचान लेते हैं
वे हर जमाने में सफल व्यक्ति होते हैं
जो कि पक्ष लेने से पहले तय करते हैं
किसको हत्यारा बताने में लाभ है
यह उन्हें किसी समय तय करना पड़ता है
सिर्फ देख लेते हैं कि कानून किस समय
सबसे कमजोर है
उसी समय मिलकर चिल्लाते हैं चोर-चोर[118]

En cada asesinato, de qué lado tomar
se decide incluso cuando
el asesino ya está identificado
Son personas exitosas en todo momento
que ponderan antes de tomar partido
su ventaja en declarar el asesino a uno
buscan el momento cuando

[118] Sahay. «Maraghaṭa» en *Racanāvalī 1*, 273.

la ley es débil
sólo en esa fecha se juntan
para gritar ladrón, ladrón. (traducido por mí)

Ante la insensibilidad y egoísmo de la sociedad, intentar de revivir la disminuyente sensibilidad social es la preocupación constante de la poesía de Sahay. El reconocimiento de aquellas valiosas relaciones o experiencias humanas que se pierden en la crisis social es un propósito especial de su poesía.

Tanto en la monarquía o en la democracia, en el feudalismo o en el socialismo, siempre han habido la existencia de dos clases principales en la sociedad de la India - los explotadores y los explotados. La sociedad India contiene anomalías sociales y desigualdades económicas. Destacando esta realidad social, en su obra poética *Kuch patey kuch chitthīyān*, Raghuvir Sahay ha retratado el conflicto de clases. Por un lado, hay una familia próspera y rica, y por otro, el vendedor ambulante 'Ramu':

धधकती धूप में रामू खड़ा है
खड़ा भुलभुल में बदलता पाँव रह-रह
बेचता अखबार जिसमें बड़े सौदे हो रहे हैं
वहाँ जब छाँह में रामू दुआएँ दे रहा होगा
खबर वातानुकूलित कक्ष में तय कर रही होगी
करेगा कौन रामू के तले की भूमि पर कब्जा ।[119]

Ramú se para en el sol abrasador
está de pie de modo inquietante
empujando los pies alternativamente
vende periódico, y allí mismo ocurren grandes negocios
mientras Ramú está rezando bajo la sombra
se decidirán en la sala con aire acondicionado las noticias
sobre ¿Quién ocupará la tierra debajo de los pies de Ramú?
(traducido por mí)

Todo el quehacer poético de Raghuvir Sahay es precisamente un esfuerzo de retratar con honestidad la realidad social y expresar un fuerte resentimiento hacia las anomalías sociales. Su vista conocedora examina su tiempo y sociedad

[119] Sahay. «Akhabāravālā» en *Racanāvalī 1*, 296.

en profundidad. Él mismo ha escrito: "समाज की समझ का मतलब है, समाज में मनुष्य और मनुष्य के बीच जितने गैर इंसानी रिश्ते हैं उनकी समझ-कहाँ से वे पैदा होते हैं, इसकी समझ और उनकी जड़ों तक पहुँच इतिहास की समझ।"[120]

«La comprensión de la sociedad significa la comprensión de todas las relaciones no humanas que existen entre los hombres, la comprensión de donde nacen tales relaciones, y la comprensión de la historia, accediendo a sus raíces». (traducido por mí)

Hoy, el terrorismo y el comunalismo han convertido la vida del hombre en un equivalente de gusanos-insectos. El destino de la persona desfavorecida, débil, indefensa y analfabeta es postrarse ante todos los poderosos. Esta es una tendencia de la era feudal que aún prevalece hoy en día. El poema «Rāmdās» de la colección «Hanso hanso jaldī hanso» se convierte en un verdadero espejo de la insensible conciencia de la sociedad actual, en la que una persona tan común como Ramdas fue asesinado a plena luz del día mientras la sociedad mira todo esto indiferentemente e impasiblemente:

निकल गली से तब हत्यारा
आया उसने नाम पुकारा
हाथ बढ़ा कर चाकू मारा
छूट लोहू का फव्वारा
कहा नहीं था उसने आखिर उसकी हत्या होगी
भीड़ ठेल कर लौट गया वह
मरा पड़ा है रामदास यह
देखो-देखो बार-बार कह
लोग निडर उस जगह खड़े रह
लगे बुलाने उन्हें जिन्हें संशय था हत्या होगी ।[121]

Salió de la calle el asesino
llamó el nombre
y le apuñaló
lo dejó sangrando profusamente
no dijo que le mataría
regresó en medio de la multitud
y está muerto ahora Ramadas
diciendo, míralo, míralo
los espectadores y transeúntes curiosos comenzaron
llamar a aquellos
que eran sospechosos de asesinato (traducido por mí)

---

[120] Raghuvir Sahay. «Likhanē kā kāraṇa» en *Raghuvīr Sahāy Racanāvalī* 3, ed. Suresh Sharma (Nueva Delhi: Rajkamal, 2000), 23.
[121] Sahay. «Rāmadāsa» en *Racanāvalī 1*, 169.

El sistema social, explotado y desorganizado, afectado por los valores capitalistas y feudales ha convertido a los seres humanos en los seres sin conciencia y humanidad. Nemichand Jain cree que la poética de Raghuvir Sahay «está orientada en gran medida hacia las masas»[122].

Él no es un romántico, ni un pragmático. Ni un revolucionario que deposita todas sus esperanzas en el sistema/estado, ni un reaccionario empapado en cinismo y pesimismo. La suya es una visión, si se podría llamar 'visión', que es integradora sin ser totalizadora. Por ejemplo, su obsesión por la tiranía le lleva a desenmascararla en sus diferentes loci: el estado, la sociedad civil y el yo individual, a través de muchas etapas. Está angustiado, cáustico e intransigente ante la tiranía, la alienación, el suicidio (moral o físico). Pero él no menosprecia la enormidad de todo. Mantiene vivo el deseo de luchar, de cambiar, sin jamás prometer una utopía.

El poeta está contrariado con la tendencia a la deserción generalizada en la política. La estructura de la democracia actual está tan desorganizada y llena de caos que las personas desfavorecidas están abandonadas. Llevando una máscara de principios e ideales, los representantes roban a las masas con ambas manos:

मुसकाकर प्राध्यापक परिषद में मुझे आँख मारी
गृहमंत्री ने
कहते तुम ठीक हो चुप रहो
और मेरे साथ बेइमानी में शरीक हो जाओ[123]

Me guiñó sonreído
el Ministro del Interior
en el consejo de profesores
y me dijo que tienes razón, pero manten mutis
Y acompáñame en la deshonestidad. (traducido por mí)

Raghuvir Sahay está muy desilusionado por estas fechorías del gobierno. Ya sea el partido en el poder o el partido de la oposición, la colusión y

---

[122] "नेमिचंद्र जैन की राय है कि वह (रघुवीर सहाय की कविता) "मोटे तौर पर ... जनसाधारण की ओर उन्मुख है" menciona Suresh Sharma en su libro *Raghuvīra Sahāya kā kavikarma* (Nueva Delhi: Vani, 2000), 69-70.
[123] Sahay. «Ēka adhēṛa bhāratīya ātmā» en *Racanāvalī 1*, 136.

connivencia clandestina entre los dos han estado corroyendo la democracia desde dentro como una termita.

पाँच दल आपस में समझौता किए हुए
बड़े-बड़े लटके हुए स्तन हिलाते हुए
जांघ ठोंक एक बहुत दूर की विदेश नीति पर
हौंकते डौंकते मुँह नोच लेते हैं
अपने मतदाता का[124]

Llegan a un acuerdo cinco partidos
y ondeando sus regordetes pechos
jactándose de una distante política exterior, ellos
visitan a sus votantes
para hacerlos miserables (traducido por mí)

En la época pos-moderna, el discurso de los dalits ha sido un importante tema de discusión. La clase de los dalits se ha visto sometida a explotación y descuido en la sociedad india históricamente. Los que gozan del predominio social y político les han convertido a los dalits en los seres vulnerables y desamparados. A diferencia de los llamados reformadores sociales que han hecho grandes promesas para la emancipación de los dalits, el poeta Sahay no sólo intenta despertar conciencias hacia los dalits, sino también se esfuerza por establecer una estrecha relación mientras se comunica con ellos:

कल मैंने देखा लाख चेहरों में एक चेहरा
कुढ़ता हुआ और उलझा हुआ वह उदास कितना बोदा
वही था नाटक का मुख्य पात्र
पर उसकी ठस पीठ पर मैं हाथ न रख सका
वह बहुत चिकनी थी।[125]
Ayer, vi un rostro entre millones
sofocado y confundido, cuán triste y abatido estaba él
en realidad era el protagonista del drama
pero mi mano no pudo mantenerse
tan solo un momento en su espalda
que era muy suave. (traducido por mí)

Además, al poeta lo inquieta tanto el futuro de los niños trabajadores, que son víctimas de las disparidades y anomalías socio-económicas de la sociedad de aquellos tiempos. En su poemario «Hanso hanso jaldī hanso», los poemas titulados

[124] Sahay. «Filma kē bāda cīkha» en *Racanāvalī 1*, 115.
[125] Sahay. «Ātmahatyā kē viruddha» en *Racanāvalī 1*, 143.

«Āmār sonār», «Dillī», «Phūl mālā hāthon me», y «Dard, jīne kā khel» etc. dan voz a la compasión humana universal del poeta.

La creatividad de Raghuvir Sahay subyace en el reino de la realidad. Su asociación con las realidades contemporáneas y el compromiso con el pueblo y su lucha continuaron hasta el final. Su mundo es el mundo de un hombre común que soporta el peso de las discrepancias de la democracia. Sahay mira a las miserias, a los sufrimientos en su totalidad. Como dice en su poema *Vyathā*:

कहूँ क्या? – 'विरह की ज्वाला', 'गरीबी', 'भूख'
'दिल का दर्द' अथवा 'दांत' का ?
न. यह पलायन है व्यथा को एक दुःख में देखना[126]

¿Qué decir? - 'dolor de separación', 'pobreza', 'hambre'
'Dolor de corazón' o de 'muelas'?
No. Será una deserción
ver toda la agonía con mismo ojo. (traducido por mí)

Su clara opinión era que: "मैं जानता हूँ कि मुझे क्या करना कहना है। गुलामी और गरीबी, युद्ध और बेकारी के साथ कैसा व्यवहार करना चाहिए। [...] गरीबी और गुलामी, युद्ध और बेकारी लेखक के दुश्मन हैं, उनसे ऐसा ही व्यवहार कीजिये जैसा दुश्मन दुश्मन के साथ करता है।"[127]

«Yo sé lo que tengo que decir en mis poemas y obras de teatro, cómo responder a la esclavitud y la pobreza, la guerra y los desechos. La pobreza y la esclavitud, la guerra y el desempleo son enemigos del poeta. Tratelos de la manera como lo hace un enemigo con sus enemigos». (traducido por mí)

La compasión que se halla en los poemas de su obra « Sīdhīyon par dhūp mein», existe en una forma creativa pero abrumadoramente verdadera que pretende proporcionar energía en la lucha por la vida. Dice el poeta en su poema «Śakti dō»:

शक्ति दो, बल दो, हे पिता
जब दुःख के भार से मन थकने को आय
और यह नहीं दो तो यही कहो
अपने पुत्रों और छोटे भाइयों के लिए यही कहो-
कैसे तुमने किया होगा अपनी पीढ़ी में क्या उपाय
कैसे सहा होगा, पिता, कैसे तुम बचे होगे
तुम से मिला है जो विक्षत जीवन का हमें दाय

---

[126] Sahay. «Vyathā» en *Racanāvalī 1*, 74.
[127] Raghuvir Sahay. *Sīṛhiyōṁ para dhūpa mēṁ : kahāniyāṁ, kavitāeṁ, lekha* (Kashi: Bhartiya Gyanpeeth, 1960), 220.

उसे क्या करें
तुम ने जो दी है अनाहत जिजीविषा
उसे क्या करें?[128]

Dame fuerza, dame poder, oh padre,
cuando la mente se cansa con desolación
y si no puedes darlo, dime
Dilo a tus descendientes y hermanos menores -
¿Cómo lo manejaste en tu generación?
¿Cómo aguantaste, oh padre, cómo sobreviviste?

Esa vida agobiada que nos has legado
¿Qué hacer con eso?
Ese ardiente deseo de vivir que nos has dado
¿Qué hacer con eso?

Este ferviente anhelo de vivir, que permanece aún se queda en las situaciones de tortura, da paso al sentido de compasión, cuyo aspecto se vuelve distinto, cuyo impacto se produce de la manera diferente. Cabe decir que debido a las cambiantes realidades sociales y políticas que se volvían cada día más complejas y desagradables, tal compasión alude al contexto de injusticia al cual estaba sometido el pueblo.

Este poema hace patente otro aspecto importante de su poesía, es decir, la compasión humana, la cual no meramente corresponde a la piedad hacia un hombre decepcionado, sino hacia uno que se encuentre en medio de situaciones y retos difíciles, quien lleva una aplastante intención así como esfuerzos de transformar la sociedad. Así pues, «hay un gran anhelo de lograr el dolor conmovedor y poder»[129] en esta compasión.

Raghuvir Sahay es también un analista de la psicología humana. En tándem con las crecientes complejidades sociales, políticas y económicas de la década de los sesenta, los misterios, las preocupaciones de la mente humana también se han vuelto aún más complejos. Como resultado, el hombre está orientado hacia la frustración, la desesperación y el escapismo. Sahay trata de ahuyentar este desaliento y frustración del hombre abatido, animándole a avanzar con entusiasmo:

तू हत विक्रम श्रम हीन दीन

[128] Sahay. «Śakti dō» en *Racanāvalī 1*, 60.

[129] Namvar Singh, acerca del discutido poema, opina que "इस करूणा में 'मर्मस्पर्शी दर्द और शक्ति' अर्जित करने की आकांक्षा अधिक है" en su libro *Ādhunika sāhitya kī pravṛttiyām̐* (Prayagraj: Lokbharti, 2004), 145.

निज तन के आलस से मलीन
माना यह कुंठा है युगीन
पर कोई तेरा धर्म नहीं?
ये रिक्त अर्थ उन्मुक्त छंद
संस्मरणहीन जैसे सुगंध
यह तेरे मन का कुप्रबंध
यह तो जीवन का मर्म नहीं ।[130]

Tú
desalentado, desocupado, humilde
contaminado por la ociosidad
cierto, esta frustración podría ser el hecho de este momento
pero, ¿de qué habla tu conciencia?
huele a vacuidad y sin-sentido de la vida
Es nada más que mal manejo del 'yo'
No vale vivir así. (traducido por mí)

Si leemos los poemas de Raghuvir Sahay a través de las lentes del verdadero compromiso con el pueblo, hallamos que el poeta no hace peroratas formales sobre el compromiso y la inquietud social. Sus poemas no comienzan o concluyen con una mera declaración de tales cosas, sino ante todo el poeta intenta comprender la realidad y profundidad de la relación que existe entre él y pueblo.

Aportación de Raghuvir Sahay a la poesía moderna hindi

Raghuvir Sahay es el poeta que creó una nueva clase de conciencia poética en la poesía hindi. Era un poeta moderno y progresista, pero no a favor del modernismo occidental. También rechazaba el progresismo tradicional. Creó un nuevo lenguaje *janavādī*, es decir, un lenguaje pro-pueblo que dio un nuevo vigor a la poesía hindi, provocando un conjunto de obras poéticas de mayor envergadura por artistas posteriores de la literatura hindi.

El poeta hindú rompe nuestra percepción establecida de la poesía y, por lo tanto, desarrolla un nuevo concepto de poesía. Salvo algunos de sus poemas del principio, los poemas tardíos se vuelven constantemente ásperos, brutos. Se ven descartados todos los elementos tradicionales. No hay nada poético en la visión exterior, sino que sorprende al nuevo lector; El lector puede experimentar que todos los símbolos del poema se han demostrado inútiles aquí. Muchos poemas de *Ātmahatyā kē viruddha*, la mayoría de los poemas de *Haṁsō haṁsō jaldī*

[130] Sahay. *Sīṛhiyōṁ para dhūpa mēṁ*, 86.

haṁ̊sō y *Lōg bhūl gayē haiṁ* buscan 'un nuevo paradigma' en un intento por llamarse poemas.

Raghuvir Sahay se da cuenta de que es la poesía que radica incluso si no había ninguna posibilidad de existir. Y nuevo nuevo estilo hace a la poesía posible en todas las épocas. Muchas veces parece que la poesía ha comenzado a moverse de una manera un poco más fácil. Es fácil hacer poesía con la ayuda de emociones y recuerdos de adolescentes. Asimismo, la poesía resulta más fácil cuando se trata de hacer oídos sordos a las contradicciones de la vida. La poesía de Sahay es un fruto de las luchas de la vida. Su poesía está en contra de la facilidad. No hay nada en él que pueda calmar al lector. Es la poesía que da un impulso tan fuerte como una corriente de poder y luego el lector se encuentra en un mundo completamente nuevo.

Hace falta valor para desafiar el concepto general y prevaleciente. En aquellos momentos en que la poesía era fácil de escribir, estos poemas de Raghuvir Sahay nos llevan a una poesía desafiante, así como a la lectura independiente. Los poemas del poeta se cultivan de tal manera que tienden a seguir un camino diferente del ya creado. Esta tendencia se ve en los poetas contemporáneos de Raghuvir Sahay e incluso hoy en día, todavía estamos sorprendidos por su innovación. Pero en Raghuvir Sahay, esta novedad surge de una necesidad interna y profunda. Sahay recurre a la poesía, perturbado por la complejidad, la crueldad y la insensibilidad de la vida. Él está escribiendo en una sociedad donde la sensibilidad y los valores humanos están en peligro. Pero también existe la responsabilidad de la poesía de que esto se sienta en la misma sociedad y, si es posible, intente cambiar esa situación. La poesía del poeta constituye poemas de esta vida ordinaria.

Es nuestro 'poeta moderno', 'poeta social', en el verdadero sentido. Él destaca entre los poetas que, en lugar de evadir, luchan con las complejidades de su tiempo. Para expresar las amargas e inquietantes realidades de la vida, Sahay a veces disuelve todos los elementos románticos, si no, la ironía de la vida sería difícil de expresar. También a veces el poeta hace un uso encomiable de elementos románticos para valorar la belleza de la vida y la naturaleza. El otro poeta hindi Shamsher Bahadur Singh dice que, hay simplicidad en Raghuvir Sahay, existe «una sencillez que desarma y una audacia, con modestia y reticencia»[131].

---

131 "रघुवीर सहाय की कविता की खासियत है ऐसी एक सादगी जो निःशस्त्र कर दे, और साहस भी, नम्रता और संकोच के साथ"। Lo opina Samsher Bahadur Singh en *Kāla tujhasē hōṛa hai mērī*, ed. Ranjana Argare (Nueva Delhi: Vani, 1988), 92.

Al estudiar la vida moderna, para expresar la ironía de la vida, la poesía de Raghuvir Sahay influye cada vez más en nuestra forma de pensar. Nos agita mentalmente. El auge de la ideología es un síntoma importante de la poesía contemporánea. Una persona sensible pensará hoy, se preocupará. Raghuvir Sahay no solo piensa, sino que abre todo el proceso de pensamiento en su poesía; y lo admirable es que, en este proceso, el poema pierde el humor. Lo que hallamos en *Ātmahatyā kē viruddha*, es nuestra vida política, podrida, la misma vida cuya expresión también se encuentra en otro poeta hindi, Dhumil. Y ambos poetas tienen una condición tal que el lenguaje de la situación es muy duro. Con todo detalle, Raghuvir Sahay ha expresado el nudo de esta democracia, la impotencia del hombre común y la ironía de la vida.

Sin embargo, en medio de emociones de disgusto y abominación, también hay una profunda compasión en los poemas del poeta hindú. Lo que sea bueno y ejemplar, de su fracaso surge un «viṣaṇṇa saundarya»[132], es decir, la belleza pensativa, cuya raíz es karuṇa rasa o emoción de compasión. Raghuvir Sahay usa muchas veces los versos de dialectos tradicionales del hindi. Uno puede observar fácilmente que después de Nagarjuna, en Raghuvir Sahay, tenemos diferentes estilos de lenguaje *janavādī*. El coloquialismo es la característica de su lenguaje.Su lenguaje resulta único cuando se trata de incorporar dialectos tradicionales en el lenguaje de la poesía. Aunque a veces el ritmo coloquial comienza a ser muy personal, como en algunos poemas de *Lōg bhūl gayē haiṁ*, en los que el lector común tiene muchas dificultades para leerlos y entenderlos. Sin embargo, generalmente sus poemas nos enseñan a usar las diversas formas del lenguaje de manera adecuada en las obras poéticas.

En los exitosos poemas del poeta, cada oración, cada verso parece ser una poesía en sí misma. Es un gran logro que se alcanza cuando lo que dice el poeta, lo dice con verdadero corazón y cuando el poeta ha establecido una intimidad con el lenguaje. Aunque, en opinión de muchos críticos, este no es un factor decisivo, sin embargo, es una de las primeras condiciones de la poesía. Al usar lenguaje y ritmo coloquiales, ahí radica la posibilidad de un compromiso en términos de los aspectos formales de la poesía. Pero la poesía de Sahay está muy bien posicionada y mantiene intacta la belleza formal y la expresividad poética.

Los poemas de Raghuvir Sahay, tienen un lenguaje y un ritmo coloquial arraigados. No obstante, uno se asombra al ver que muchos de sus mejores

[132] Namvar Singh. *Vāda vivāda* sanvāda (Nueva Delhi: Rajkamal, 1989), 51.

poemas están escritos con nuevos usos de los versos tradicionales, tales como «Āp kī haṁsī», «Pānī'», «Rāmadāsa», «Ēk din rēl mēṁ», «Lubhānā», etc - además de estos nuevos usos, de repente hay una continuación con un ritmo antiguo. Básicamente, en la poesía de Raghuvir Sahay, según su propio deseo, se encuentran muchas variaciones en el ritmo de sus poemas. Y, este estilo y lenguaje de la poesía ha contribuido significativamente al enriquecimiento de la poesía hindi contemporánea.

Ningún otro poeta que Raghuvir Sahay podría haber tenido más éxito al identificar luchas y contradicciones más profundas de la vida. En su poesía encontramos un sentido de esfuerzo para comprender el flujo de la vida. Él tiene una vision, un principio vital que surge definitivamente del fracaso de la democracia actual. La poesía de Sahay nos da una visión que nos apoyará en las diferentes situaciones de la vida. Su poesía nos despierta. Es la poesía que nos permite sentir dolor y agonía, que establece los ideales de justicia e igualdad, que busca y descubre nuevas relaciones humanas, y lucha contra la esclavitud y la injusticia y que examina repetidamente las consecuencias de la lucha. Todos estos hechos contribuyen al reconocimiento del poeta Raghuvir Sahay como un poeta del pueblo.

En este capítulo dedicado al poeta hindú, hemos llegado a la opinión de que su poesía es muy relevante desde la perspectiva político-cultural contemporánea. Su visión poética es futurista y emerge poderosa, ideológicamente distintiva de la poesía contemporánea progresiva y neoprogresiva. El desarrollo de la poesía de Sahay muestra el crecimiento de la poesía hindi. Influyó en los poetas contemporáneos y también en la próxima generación de poetas comprometidos. Su contribución a la poesía hindi es digna de mención y encomio. En el siguiente capítulo intento emprender un estudio analítico comparativo de la poética de ambos poetas, Neruda y Sahay. Investigaré concordancias y divergencias en el contenido, motivo, tema, estilo poético y lenguaje de la poesía de los dos.

ESTUDIO COMPARATIVO DE LA POESÍA DE COMPROMISO DE PABLO NERUDA Y RAGHUVĪR SAHĀY

A cabo de llevar a cabo un estudio detallado de la poesía de Neruda y Sahay en los capítulos anteriores, se intenta, en este capítulo, ahondar en la poética de ambos poetas con un enfoque comparativo. Por un lado, se halla un poeta tan grande como Pablo Neruda (Chile) quien no tiene parangón en la literatura universal. El poeta y premio Nobel chileno Pablo Neruda continúa siendo una gran fuente de inspiración para escritores progresistas y amantes de la paz en todo el planeta. Atravesó el siglo y el mundo con el poder de su poesía, su humanismo y alegría de vivir. Pablo Neruda es un verdadero protagonista en el drama de la lucha de clases que continúa afligiendo a los subyugados y desposeídos de todos los tiempos, explicitada en su intrigante y voluble vida legendaria.

A través de sus poemas, Neruda aspira a una igualdad social y a una visión fracturada de la democracia. Como poeta del pueblo, conecta su difícil situación con el mar y su poder, empequeñeciendo las habilidades humanas. Como poeta, Neruda cubrió todo, desde la Guerra civil española a las alcachofas, desde la historia de América a las vicisitudes de amor. En la última parte de su vida, el enfoque de Neruda hacia la poesía tuvo un cambio importante, centrándose en su pasión por la justicia y la relevancia social de su poesía, mientras incorporaba la personificación y la imaginería de elementos naturales.

Neruda estaba descorazonado desde una edad temprana por las injusticias del mundo humano. Neruda era más que un poeta ganador del Premio Nobel. Él era un activista que pasó la vida al servicio del pueblo, luchando por la igualdad y los derechos humanos. Él era la conciencia de una cultura, un hombre más grande que la vida. Estadista, embajador y activista, Pablo Neruda era una voz para los que no la tienen. Como poeta del pueblo, su compromiso inflexible con la justicia social nos inspira a preservar, proteger y apreciar nuestras libertades civiles.

Neruda es para la poesía, un prolífico y original artista totalmente entregado a su trabajo y aportando la energía de su propia evolución a la sociedad. Su visión resuena en todo el mundo. Como activista político y voz de la gente común - Pablo Neruda habla de las preocupaciones actuales y de todas las épocas. Este literato compuso un conjunto de poemas sobre las desigualdades sociales y las dificultades a su alrededor.

Por otro lado, está Raghuvir Sahay (India), un poeta igualmente comprometido y dedicado a la sociedad. El desarrollo de la poesía de Sahay muestra el crecimiento de la poesía del compromiso social en la literatura hindi. En el periodo literario hindi posterior al de Baba Nagārjun (बाबा नागार्जुन), Sahay fue influente y su influjo continuó también en la siguiente generación de poetas comprometidos.

Se reconoce la envergadura sobresaliente de la poesía de Sahay particularmente en el período después de la independencia hasta el final del Estado de Emergencia en el país. Justo después de independizarse, la India se enfrentaba a numerosos retos, particularmente en el pleno social, que causaba un profundo sentido de desengaño y desesperación en la gente común. En medio de tal ambiente de desánimo por el empeoramiento persistente de la condición social y económica del país, evolucionó la poesía de Raghuvir Sahay, asociándose con las realidades sociales y haciendo partido en la lucha del pueblo humilde.

Raghuvir Sahay fue una de las distintivas figuras de la poesía hindi que, al colocar la literatura y la sociedad en consonancia entre sí, permite a su poesía hablar de los elementos de relevancia social, para resaltar las situaciones sociales y políticas irónicas del estado democrático que impactan en la vida de la gente común que había puesto una gran esperanza en la situación de la India posterior a la independencia. La preocupación de Raghuvir Sahay no es el arte, sino la desigualdad social, económica y política que prevalece en la sociedad y que ha sido creada por el hombre mismo. Esta desigualdad da lugar al resentimiento, la queja y el conflicto, que constituyen la base de la poesía de Raghuvir Sahay.

El "pueblo" y la "democracia" constituyen los elementos claves de la poesía de Raghuvir Sahay. Están presente en sus poemas con gran intensidad. La mayoría de los poemas de Sahay tienen una imagen conmovedora de las discrepancias en la democracia posterior a la independencia y las personas afectadas por ella. El grado de pensamiento con el que trata de entender la democracia deja en claro sus verdaderas preocupaciones. Luchó constantemente por la preservación de los valores democráticos y su aplicación práctica, en ambos planos de la poesía y el periodismo.

Contenido y tema: Conciencia de responsabilidad y compromiso hacia la sociedad

La poesía constituye una de las expresiones de la conciencia de la comunidad. No puede separarse de la realidad de la sociedad o de los tiempos en que creció. El hombre, como parte integral de la organización social, desempeña varios roles, participa activamente en las acciones progresivas y muestra un profundo respeto por las dimensiones sagradas de la vida social. Un amplio corpus de poesía refleja la conciencia humana del poeta la sociedad y la humanidad.

Conciencia social significa darse cuenta de los problemas de la sociedad, advirtiendo al público sobre estos problemas, enfatizando en la necesidad de resolverlos, facilitando así el camino del bienestar humano, etc. Dado que la preocupación básica de un artista responsable está con la sociedad, es obvio para él/ella ser consciente de los problemas sociales. El artista literario responsable es la conciencia y el guardián de cualquier sociedad en la que reside. El artista literario vive entre su gente. Él actúa como un pregonero no oficial que crea conciencia social a través de su trabajo sensibilizando a los ciudadanos de su país para conocer y reaccionar contra los casos de injusticia, codicia, liderazgo deficiente, abuso de poder, inseguridad, pobreza, opresión y privación (entre tantos otros males) ante los cuales, ellos generalmente habrían sido insensibles o complacientes. El objetivo general del artista literario es derrocar el mal y establecer el bien en la sociedad con el fin de lograr una sociedad conocida por el estado de derecho, la justicia, la seguridad y la equidad. Los papeles antes mencionados del artista literario están claramente apoyados por notables escritores y críticos creativos. Por ejemplo, Chinua Achebe, al afirmar su papel como escritor con conciencia social, opina que: "The writer cannot expect to be excused from the task of re-education and regeneration that must be done. In fact he should march right in front …".

«El escritor no puede eximirse de la tarea de reeducación y regeneración que debe hacerse. De hecho, él debería marchar justo enfrente».[133]

Por lo tanto, el trabajo de un escritor o poeta literario comprometido en apoyar la onerosa tarea de reeducar, redirigir, reformar y regenerar a su pueblo sensibilizando a su conciencia ordinariamente aburrida. Tales artistas usan su pluma desinteresadamente con el objetivo de producir cambios en la sociedad. La poesía de aquellos artistas se convierte en un instrumento de sensibilización, del despertar de las mentes dormidas y las conciencias embotadas, y de la reforma y

[133] Chinua Achebe. «The novelist as a teacher» en *Morning yet on creation day* (London: Heinemann, 1975), 44- 45.

revolución social. Pablo Neruda y Raghuvir Sahay figuran notablemente entre esos bardos responsables y comprometidos.

Neruda, uno de los poetas más famosos del siglo XX, era una voz fresca y original en el mundo de la poesía. Debido a su pasión por la poesía, Neruda pudo lograr cambios en su sociedad, social y políticamente.

La perspectiva poética de Neruda resulta realmente significativa para influir en los poetas de todo el mundo. Ayudó a democratizar la poesía al hacer lo "poético" menos exclusivo. Neruda creía que la poesía podía cambiar el mundo y opinaba que la poesía bien lograda y apasionada podía, bajo las circunstancias correctas: crear revoluciones estéticas, políticas y culturales.

Neruda sigue siendo una presencia inmensa en la poesía. Su trabajo contenía aspectos esenciales de vida de pueblo. Era un poeta de la libertad y el mar, un maravilloso poeta de amor, el cantante de una naturaleza infinitamente proliferante, una voz necesaria de la conciencia social. En sus *Memorias*, Neruda afirma: «La inclinación profunda del hombre es la poesía y de ella salió la liturgia, los salmos, y también el contenido de las religiones. El poeta se atrevió con los fenómenos de la naturaleza y en las primeras edades se tituló sacerdote para preservar su vocación De ahí que, en la época moderna, el poeta, para defender su poesía, tome la investidura que le dan la calle y las masas. El poeta civil de hoy sigue siendo el del más antiguo sacerdocio. Ante pactó con las tinieblas y ahora debe interpretar la luz».[134]

Neruda dio una gran importancia al estado social de los diferentes sectores de la sociedad. Muestra preocupación por el estatus social, a través de su deseo de llevar justicia a las personas que se ven afectadas por las personas groseras e injustas en su orden social. Escribir poemas fue solo uno de sus medios para lograrlo.

A fines de la década de 1930, precisamente después del asesinato de su amigo íntimo Federico García Lorca y el estallido de la guerra civil española, Neruda se declara aquel poeta que quiere escribir una poesía práctica y útil, una poesía dispuesta a servir como arado o como herramienta para ayudar a las personas que piden escuelas, pan y vino, guitarras y herramientas. Neruda ve la vida hispanoamericana como una lucha entre los pobres y los ricos, entre los desposeídos y los pudientes, entre los bien alimentados y los hambrientos, en que los segundos están cariñosamente apegados a su tierra y siguen siendo presas de

[134] Pablo Neruda. *Confieso que he vivido* (Barcelona: Seix Barral, 1974), 120.

los malvados hombres poderosos. Por un lado, el poeta ve a los aborígenes indios y todos aquellos hombres, cualquiera que sea su origen, que sienten caridad y libertad en sus corazones: Bartolomé de las Casas, San Martín, Zapata, un trabajador en una mina chilena, o un obrero en una plantación de café. Por otro lado, ve a los hombres duros de la codicia: Cristóbal Colón y Hernán Cortés, Juan Manuel de Rosas y García Moreno, los propietarios de la Standard Oil Company, la Anaconda Copper Corporation o la United Fruit Company. Y el poeta tiene en su mente la solución para las Americas: una victoria revolucionaria de las fuerzas representadas por los primeros.

Esencialmente, los poemas de Pablo Neruda contribuyeron a la sociedad al resaltar la importancia de diferentes sectores sociales. «La United Fruit Company», uno de sus poemas, muestra su preocupación por el sector marginado de la sociedad al criticar y condenar a las grandes compañías que explotaban los recursos naturales de su país. Neruda muestra preocupación por la situación social de la sociedad a través de su deseo de dar justicia a las personas que se ven afectadas por las personas agresivas e injustas injusticias en su propio entorno social. Escribir poemas era una manera de mostrar su preocupación social. Este poema provocó un cambio político en su sociedad al criticar a los líderes políticos y gubernamentales a través de palabras severas:

> Entre las moscas sanguinarias
> la Frutera desembarca,
> arrasando el café y las frutas
> en sus barcos que deslizaron
> como bandejas el tesoro
> de nuestras tierras sumergidas.
> Mientras tanto, por los abismos
> azucarados de los puertos,
> caían indios sepultados
> en el vapor de la mañana:
> un cuerpo rueda, una cosa
> sin nombre, un número caído
> un racimo de fruta muerta
> derramada en el pudridero.[135]

[135] Pablo Neruda, «La United Fruit Co.» en *Canto general*, http://www.literatura.us/neruda/general.pdf (accedido 12 de Enero de 2017), 237-238.

La producción literaria del poeta chileno está muy influenciada por las condiciones sociales formadas por el entorno político y económico de la región. Pablo Neruda impresionó a los lectores por su dedicación a la reforma social y la justicia, y con razón lo llamaron «el poeta de la humanidad esclavizada». Esencialmente, este gran poeta revolucionario latinoamericano produjo poemas que fueron influenciados por el contexto social y político. En general, los poemas de crítica social de Neruda fueron impactantes en sus efectos de propaganda y alentaron a la gente a actuar y a luchar por la justicia social y la paz duradera. Los altibajos en la vida personal de Neruda lo llevaron a buscar e intentar describir la esencia de la vida. Fue en esta búsqueda de comprensión y unidad que se parecía a Whitman.

La nueva voz poética de Neruda, característicamente «americana», tiene sus raíces en las culturas nativas de América Latina y en la geografía indómita. En el poema «A callarse» el poeta hace hincapié en la autorrealización y hace un llamamiento a la paz en la humanidad. Este simple poema trata de la exigencia del autoanálisis y la introspección en la construcción de un mundo nuevo. Es un llamado a la paz de alguien que ha visto las terribles consecuencias de la guerra y la violencia:

> Por una vez sobre la tierra
> no hablemos en ningún idioma,
> por un segundo detengámonos,
> no movamos tanto los brazos.[136]

Este poema insiste en la necesidad de una introspección silenciosa y la creación de sentimientos de comprensión mutua, amor y respeto entre los seres humanos. Neruda, uno de los poetas más famosos del siglo XX, era una voz fresca y original en el mundo de la poesía. Debido a su pasión por la poesía, Neruda pudo cambiar su sociedad, social y políticamente. Una buena cantidad de la poesía de Neruda habla contra la opresión y alienta la reforma social; La relación de Neruda con las masas era evidente en cada poema que escribía.

Hacia el período de madurez de su vida, desde Tercera Residencia, Neruda se halla completamente comprometido con su nuevo papel de relator de la verdad y expositor de las injusticias del mundo. Neruda estaba profundamente marcado por la guerra: escribió poemas bravos y ardientes denunciando a los fascistas y

---

[136] Pablo Neruda. «A callarse» en *Extravagaria* (London: Jonathan Cape, 1972), 26.

dirigió un buen número de organizaciones políticas y culturales para ayudar a la causa de los Republicanos en España:

Generales
traidores:
mirad mi casa muerta,
mirad España rota:
pero de cada casa muerta sale metal ardiendo
en vez de flores,
pero de cada hueco de España
sale España,
pero de cada niño muerto sale un fusil con ojos,
pero de cada crimen nacen balas
que os hallarán un día el sitio
del corazón.

Preguntaréis por qué su poesía
no nos habla del sueño, de las hojas,
de los grandes volcanes de su país natal?

Venid a ver la sangre por las calles,
venid a ver
la sangre por las calles,
venid a ver la sangre
por las calles!![137]

Un nuevo elemento de «lo más profundo» es la ira que entra en sus poemas socialmente comprometidos. Su ira contra las injusticias del mundo era palpable pero controlada:

Con mi lámpara busco a los que caen,
alivio sus heridas y las cierro:
y éstos son los oficios del poeta
del cantor y del picapedrero [...][138]

Neruda se esfuerza y se preocupa por la justicia social y la igualdad, lo que se refleja en muchos de sus poemas. Neruda una vez escribió:

Tengo un pacto de amor con la hermosura:
tengo un pacto de sangre con mi pueblo.[139]

---

[137] Pablo Neruda. «Explico Algunas Cosas» en *Tercera Residencia*, https://www.neruda.uchile.cl/obra/obraresidencia3d.html (accedido el 9 de Marzo de 2016), 80.
[138] Pablo Neruda. «No me lo pidan» en *Canción de gesta* (Havana: Impr. Nacional de Cuba, 1960), 37.
[139] Ibid, 37-38.

Era un poeta legendario y un ciudadano de conciencia. En los países de habla hispana, se lo considera un héroe y es mejor conocido incluso que Whitman en los Estados Unidos. Neruda siempre fue sido un poeta con gran sentido de autocrítica y autorreflexión. No vaciló en rechazar sus previos puntos de vista sobre ciertos temas y presentar su nueva forma de entender los problemas de la vida. Esto fue lo que ayudó a lograr un cambio fundamental en la personalidad de Neruda y en sus escritos.

En Neruda, la virtud del extraordinario creador de versos radica no solo en su dominio del estilo poético, sino en su interpretación profunda de una serie de emociones humanas, la complejidad de las luchas sociopolíticas, la terrible y apremiante situación de la clase trabajadora, etc.

Cuanto más comprometido Neruda se encontró con la política, más realista se convertió su poesía. La utopía de Neruda era su deseo de conquistar y superar el dolor, tanto individual como colectivo, considerándose un «hombre del pueblo» que anhela conquistar la felicidad. Su sueño era crear un espacio perfectamente feliz tanto para sí mismo como para los compatriotas. El trabajo de Neruda es goza de gran envergadura y es valioso para la emancipación de la mayor parte de la humanidad de la explotación y alienación de clase y raza. Una serie de poemas de *Canto general* y *Odas elementales* revitalizan su inclusión democrática popular:

Dadme
todas las alegrías,
aun las más secretas,
porque sí así no fuera,
cómo van a saberse?
Yo tengo que contarlas,
dadme
las luchas
de cada día
porque ellas son mi canto,
y así andaremos juntos.[140]

Los mensajes de Neruda no solo fueron influídos por las realidades mundanas, sino que también el poeta habló sobre cómo percibir estas realidades. Decidió escribir una crónica de América en la que exaltó su grandeza, condenó

[140] Neruda. «El hombre invisible» en *Canto general*. p.12.

sus defectos y escribió la historia del enfrentamiento perpetuo entre opresores y libertadores.

Neruda era el bardo que decía la verdad al poder, el poeta de la devoción hacia los ideales revolucionarios de los oprimidos. La poesía, según su deseo, se convirtió en un modo de acción social y de comunicación. Para «escribir con tu vida y la mía» el propio Neruda dio fe de lo que contribuyó su participación en la guerra civil española para su crecimiento, cómo le ayudó a entender más, ser más natural y sobre todo a «vivir más cerca de la gente».

Neruda es políticamente un feroz y esencial crítico de los asuntos internacionales del siglo XX. Neruda concluyó su carrera con *Fin de mundo* (1969), un libro de poesía en el que busca revivir la esperanza de una sociedad mejor que crecerá a partir de los sacrificios de los valientes. Habla de la búsqueda de la causa común y la fraternidad. Neruda se extiende más allá de Chile, ya que dice el poeta: «Yo soy solo el eco en cierta parte de mi poesía de las ansiedades del mundo contemporáneo, de las ansiedades de el mundo latinoamericano».[141] (traducido por mí)

Neruda es conocido no solo por el poder y la envergadura de sus obras, sino por el uso de la poesía para luchar por la gente de su país y alcanzar la conciencia mundial. El poeta siempre tuvo inquietud por los seres humanos y las condiciones humanas. Él mismo dice en sus *Memorias*: «Me tocó padecer y luchar, amar y cantar; me tocaron en el reparto del mundo, el triunfo y la derrota, probé el gusto del pan y el de la sangre. Qué más quiere un poeta? Y todas las alternativas, desde el llanto hasta los besos, desde la soledad hasta el pueblo, perviven en mi poesía, actúan en ella, porque he vivido para mi poesía, y mi poesía ha sustentado mis luchas».[142]

La poesía de Neruda reconoce el desamparo, la impotencia de los sin voz y oprimidos. La belleza y la dignidad de los poemas de Neruda evocan el espíritu en la compasión que inculca por los débiles y ante el sufrimiento del mundo. Este gran poeta chileno revolucionario continúa impresionando a muchos lectores por su dedicación a la reforma social y la justicia. Pablo Neruda al transformar la poesía en portavoz de los ade abajo hace una crónica de las profundas

[141] «An Interview with Pablo Neruda» en *Memorious: A Journal of New Verse and Fiction*, Issue 4, March 2005.

[142] Neruda. *Confieso que he vivido*, 79.

polarizaciones de la poesía latinoamericana del siglo XX, del cambio extraordinario, a través de su pasión expansiva. H. Squire resalta con sus palabras la poesía de Pablo Neruda: "Neruda's provocative and passionate verses have inspired resistance and love, supported struggles against capitalism and for justice, and elucidated the suffering and oppression of poor people throughout the world."[143]

«Los versos provocativos y apasionados de Neruda han inspirado resistencia y amor, apoyado las luchas contra el capitalismo y por la justicia, y elucidado el sufrimiento y la opresión de los pobres en todo el mundo». (traducido por mí)

Fue en el espíritu revolucionario del bardo chileno que la gente oprimida encontró su voz puesto que el poeta el socialmente comprometido buscó la equidad y no rehuyó la resistencia. No participó físicamente en las revoluciones, sino que se involucró de manera más persuasiva y efectiva a través de sus escritos.

Neruda creía que había sido llamado, para ser un portavoz de aquello que había que decir. El arte de Neruda fue parte de la lucha por la justicia social. El famoso poema épico de Neruda, *Canto General* lo expresa particularmente bien. El trabajo no es solo un historia personal de Chile, sino también un llamado a la justicia social, un réquiem por sus amigos y ancestros y una queja contra los Estados Unidos. Tanto en América Latina como en el mundo occidental, era sobre todo el poeta amado por su poesía empática.

Fue un importante poeta de conciencia política y social. Sus compromisos sociales y políticos fueron cruciales para su trabajo, parte de su visión de la humanidad. Fue un gran poeta chileno, un gran escritor latinoamericano y, finalmente, un gran poeta de las Américas. Naomi Lazard comenta que: "This century has given us a few great poets whose stance and influence have altered the consciousness of the world. Pablo Neruda, [...] in Western hemisphere."[144]

«Este siglo nos ha dado unos pocos grandes poetas cuya posición e influencia han alterado la conciencia del mundo. Pablo Neruda, [...] en el hemisferio occidental». (traducido por mí)

---

[143] Heather Squire. «Pablo Neruda» en *The International Encyclopedia of Revolution and Protest: 1500 to the Present*, ed. Immanuel Ness (West Sussex: Wiley Blackwell, 2009), 2602.
[144] Naomi Lazard. *The True Subject* (Lahore: Vanguard Books, 1988), 39.

Con respecto a la poesía de Raghuvīr Sahāy, un bardo de la literatura hindi que era igualmente consciente de las realidades sociales. En su rol de periodista, junto con el de poeta, Sahay ha tenido la experiencia de primera mano acerca de los problemas y las discrepancias presentes en la sociedad y los ha expresado con abrumadora sutileza. Debido al estrecho contacto con las realidades de la vida, su poesía se caracteriza por una representación muy genuina y conmovedora de la realidad social. El régimen colonial había explotado el país gran medida. Al lograr la independencia, la India tuvo que enfrentarse con un conjunto de grandes problemas sociales. Los campesinos se encontraban en una situación muy miserable: y sufrían la discordia y la lucha entre la clase dominante y la gente común. Aún quedaba mucho por mejorar en el campo económico. Lamentablemente las esperanzas que el pueblo había puesto en el nuevo régimen democrático quedaron hechas trizas. Tales situaciones provocaron y animaron al poeta hindú a recurrir a la poesía con el propósito de lograr la emancipación social y económica de la India. Es así que el poeta empezó su viaje artístico desde la independencia de su patria: "मैं यह बार-बार कहना चाहता हूँ कि आजादी मिलने की घटना को हिन्दुस्तान के लोगों के जीवन में एक परिवर्तन न की घटना करके बहुत बड़े बड़े लेखकों, इतिहासकारों और समाजशास्त्रियों ने वर्णित किया है । लेकिन उसकी तीव्रता ठीक-ठीक सिर्फ हम ही लोग समझ सकते हैं जो कि उस वक्त अपने रचनात्मक जीवन में प्रवेश करने वाले थे । जो उर्जा, आशा-निराशाभरी मानसिक ताकत हमें मिली थी उसका अंदाजा न तो हमारे बाद की पीढ़ी को लग सकता है और न उन तटस्थ इतिहासकारों को जिन्होंने कुल जमा तौर पर बताया है कि हिन्दुस्तान में आजादी आ गयी है ।[145]

«Quiero decir esto una y otra vez que muchos grandes escritores, historiadores y sociólogos han descrito el acontecimiento de la independencia como un cambio en las vidas de la gente de la India, no como un mero evento. Pero la intensidad de ese cambio solo puede ser comprendida por aquellos de nosotros que estábamos a punto de ingresar en nuestro creativo mundo literario en ese momento. Las generaciones futuras y aquellos historiadores neutrales que encontraron la independencia de la India como un mero evento, habitual u ordinario, no han podido compartir. la esperanza y la desilusión, la fortaleza mental y la idea auténtica de ese cambio que nosotros percibimos». (traducido por mí)

A través de su poesía, el poeta logra críticar y denunciar el régimen despótico y opresivo de Indira Gandhi, que llevó a la imposición del estado de emergencia y a la consecuente censura y supresión de la voz. Sahay también desempeña el papel de un periodista responsable, pues su poesía surge desafiando el miedo, la censura y la represión, satisfaciendo las exigencias de la poesía comprometida y progresiva de la mejor manera posible:

---

[145] Raghuvir Sahay. *Raghuvīr Sahāy Racanāvalī*, Vol. 3, editado por Suresh Sharma (Nueva Delhi: Rajkamal, 2000), 415.

राष्ट्रगीत में भला कौन वह
भारत-भाग्य-विधाता है
फटा सुथन्ना पहने जिसका
गुन हरचरना गाता है।

मखमल टमटम बल्लम तुरही
पगड़ी छत्र चंवर के साथ
तोप छुड़ाकर ढोल बजाकर
जय-जय कौन कराता है।

पूरब-पश्चिम से आते हैं
नंगे-बूचे नरकंकाल
सिंहासन पर बैठा,
उनके
तमगे कौन लगाता है।

कौन-कौन है वह जन-गण-मन
अधिनायक वह महाबली
डरा हुआ मन बेमन जिसका
बाजा रोज बजाता है।[146]

¿Quién es el creador del destino de la India?
en el himno nacional
cuyo elogio
canta Harcharna.

Con carro de terciopelo, trompeta
turbante y gran paraguas
Disparar un cañón, golpear tambores
¿Quién nos hace dedicar alabanzas?

¿Quién adorna a
quien está entronizado?
¿A quien se acercan
la gente de cuerpo esquelético
viniendo de todas direcciones?

¿Quién es esa persona
que reside en el corazón de nosotros?
¿Quién es ese gran líder poderoso
cuya trompeta suena de mala gana
nuestro corazón asustado? (traducido por mí)

---

[146] Raghuvir Sahay. «Adhināyaka» en *Raghuvīr Sahāy Racanāvalī*, Vol. 1, editado por Suresh Sharma (Nueva Delhi: Rajkamal, 2000), 111.

Lo más característico de la poesía de Sahay es: la preocupación hacia los que se quedan atrás en la ésfera económica-social, los desfavorecidos, el pueblo común que se encuentra afectado por las amargas realidades sociales del país. La vida y el dinero tienen una relación cercana. La vida sin dinero resulta posible. Los requisitos esenciales de la vida, como el pan, la ropa y la casa, solo pueden satisfacerse con el dinero. Pero hoy prevalece una abrumadora desigualdad económica en la sociedad. La clase pobre cada vez es más pobre y la clase rica cada vez se hace más rica, casi siempre a costa de los pobres y de explotar los recursos de que disponen. Como resultado, esto dio lugar al surgimiento de dos grupos distintos, es decir, el explotador y el explotado. En los poemas de Raghuvir Sahay, hay muchas imágenes de la clase desfavorecida que sufre con varias tribulaciones:

1. Imagen de una vida afectada por la pobreza: un pobre niño que come lo que recibió mendigando, un niño desnudo de piel oscura cruzando la calle peatonal, un anciano mendigando, apoyándose en una muleta;
2. Miedo, horror y vacilación: una niña asustada, una amable mujer, una niña sufriendo el frío etc.;
3. Desamparo social e indefensión: un obrero conduciendo una calesa, una mujer sola sufriendo de dolor, un tosiendo vendedor de frutas tosiendo y uno de diarios bajo un sol abrasador, un muchacho desempleado vagando con betún y cepillo de zapatos, un hombre flaco, etc.;

La penuria económica ha afectado severamente a la clase media y a la clase baja de la sociedad. Raghuvir Sahay atestiguó y experimentó precaria situación económica en la sociedad. Después de la independencia, se implementaron muchos planes quinquenales en la India. Aunque se hicieron esfuerzos para el progreso del pueblo, consiguió la mejora esperada en la condición económica de la India. La imagen real de esto se ve retratada por Sahay.

El poeta, desanimado ante la desigualdad económico-social que persiste en la sociedad de su tiempo, intenta darle voz en su poema «Ek rāt» :

इस उबार खाबड़ धरती पर
सो रहे बहुत नंगे भूखे
सो रहे बहुत पहने ओढ़े भरपेट ले रहे खर्राटे
जग रहे कई तुमको निहार
जग रहे पेट दाबे अनेक ।[147]

[147] Sahay. «Ek rāt» en *Raghuvīr Sahāy Racanāvalī* 1, 450.

En este terreno accidentado y desigual
muchos están durmiendo con mucha hambre y con harapos
muchos duermen bien y con un sueño profundo
Muchos están despiertos mirándote con asombro
Muchos están despiertos en la inanición. (traducido por mí)

Todo el quehacer poético de Raghuvir Sahay es precisamente un esfuerzo de retratar con honestidad la realidad social y expresar un fuerte rechazo hacia las anomalías sociales. Su vista conocedora examina su tiempo y sociedad en profundidad. El mismo poeta opina: "समाज की समझ का मतलब है, समाज में मनुष्य और मनुष्य के बीच जितने गैर-इंसानी रिश्ते हैं उनकी समझ - कहाँ से पैदा होते हैं इसकी समझ उनकी जड़ों तक पहुँच, इतिहास की समझ। ....इन रिश्तों को ऐसे ही नहीं रहने देना है। .....क्योंकि इन्सान के बीच एक गैर-बराबरी का रिश्ता है और इस रिश्ते को कोई आदमी मानता है कि ऐसे ही रहना चाहिए तो वह कोई रचना नही कर सकता"।[148]

«La comprensión de la sociedad significa la comprensión de todas las relaciones no humanas que existen entre los hombres en la sociedad - dónde nace tal relación, la comprensión de eso, llegando a sus raíces, entendiendo su historia. Estas relaciones no se deben dejar así. Porque existe una relación desigual entre los hombres y si alguien cree que esta relación debería seguir siéndolo, en tal caso, no puede cultivar la literatura». (traducido por mí)

El poeta también es parte de la sociedad al igual que una persona común. Él/ella no puede permanecer tranquilo ante los eventos que suceden en la sociedad. Raghuvir Sahay ha intentado expresar la compleja realidad de su sociedad en todos sus poemas. Experimenta muchas experiencias al vivir en sociedad y descarga esas experiencias en la literatura. No se puede quebrar la relación de Sahai es irrompible con la sociedad. Al escribir literatura sobre los sectores más débiles de la sociedad, el poeta ha dado voz a su agonía, a sus aflicciones. Los poemas del consciente poeta abarcan las realidades amargas, las anomalías sociales. En su declaración en 'Dūsra Saptak', publicada en 1951, Raghuvir Sahay deja claro que el objetivo de su obra poética es ser más consciente de la realidad social y comprender la sociedad de una manera científica. Sahay, quien consideraba que su deber como poeta responsable era comprender los problemas sociales, se dio cuenta de que después de la independencia, la decepción y la desesperación se estaban extendiendo por toda la sociedad :

वह दर्द नहीं मेरे ही जीवन का है
वह दर्द नहीं है सिर्फ विरह की पीड़ा

---

[148] Raghuvir Sahay. «Likhanē kā kāraṇa» en *Raghuvīr Sahāy Racanāvalī*, Vol. 3, ed. Suresh Sharma (Nueva Delhi: Rajkamal, 2000), 23.

वह दर्द जिन्दगी के उखड़ेपन का है ।[149]
Ese dolor no es de mi propia vida
Ese dolor no es solo dolor por separación
Ese dolor es de miseria de la vida. (traducido por mí)

Sahay tiene seis colecciones de poesía. Aunque alguno de sus poemas de *Dusrā Saptak* y *Sīṛhiyōṁ para dhūpa mēṁ* están inspirados en el amor humana y la naturaleza, la mayor parte de su poesía está caracterizada por la concienciación social. La inclinación del poeta hindú hacia las realidades sociales le ha otorgado el coraje de decir la verdad. En lugar de limpiar las lágrimas de su amada con la servilleta, el poeta se limpia la nariz, el sudor, el fondo de la pluma. A través del poema «Rumāl», el poeta levanta el dedo hacia la civilización corrupta de las personas educadas modernas y de los funcionarios. En «Mera ek jeevan hai», el poeta habla de la soledad a pesar de ser plenamente consciente de la sociedad, porque la misma soledad puede generar en él un despertar, una conciencia:

पर मेरा एक और जीवन है
जिसमे मै अकेला हूँ
जिस नगर के गलियारों फूटपाथों मैदानों में घुमा हूँ
हँसा-खेला हूँ
उसके अनेक हैं नागर-सेठ, म्युनिसिपल, कमिश्नर-नेता
और सैलानी, सतरंजवाज और आवारे
पर मै इस हाहाहुती नगरी में अकेला हूँ।[150]

Pero tengo otra vida también
donde estoy solo.
La ciudad donde he caminado en las calles, en los senderos
donde pasé mi infancia
Hay muchos magnates de negocios, comisionados municipales,
hay turistas, jugadores y vagabundos
pero estoy solo en esta ruidosa ciudad. (traducido por mí)

La poesía de Sahay encuentra en el realismo social su motivación más profunda, en virtud del cual, se ocupa de los anhelos, las luchas, los sufrimientos y las realidades dolorosas de la sociedad. Sahay ha sido testigo de varios tipos de tristeza y miseria existentes en la sociedad. Parece que él es el investigador de la miseria de su gente. En el poema titulado «Dhīr dhar gyā agar» dice el poeta:

---

[149] Sahay. «Hamanē yaha dēkhā» en *Raghuvīr Sahāy Racanāvalī* 1, 67.
[150] Sahay. «Mērā ēka jīvana hai» en *Raghuvīr Sahāy Racanāvalī* 1, 95.

दु:ख दु:ख में भी अंतर है , जो सहने वालो में है
एक खुले घावों में है दु:ख, एक पके छालों में है
उस दु:ख से क्या लेना देना जो मरने वालो में है
हम उस दु:ख के अन्वेषक हैं , जो जीने वालो में है ।[151]

Hay una diferencia entre un dolor y otro,
que existe en los que sufren
un tipo de dolor es el de heridas abiertas,
otro tipo, el de ampollas viejas
Qué hacer con el dolor de los moribundos
Soy el buscador de aquel dolor que se halla
dentro de los que viven. (traducido por mí)

El sistema social contemporáneo ha dado a luz a las injusticias, el dolor y la soledad, y sus víctimas se encuentran en los hombres corrientes de la clase media y las personas oprimidas e indefensas de las clases más bajas. Raghuvir Sahay es el poeta de los sufrimientos y miserias de la gente común. Estos dolores no son suyos, sino de todas las personas sencillas de una India recién independiente. Todos los intentos por eliminar la desigualdad de clase han fracasado y el poeta escribe en un poema «Ēka samaya thā» mientras expresa inquietud:

एक समय था मै बताता था कितना
नष्ट हो गया अब मेरा पूरा समाज
तब मुझे ज्ञात था कि लोक अभिव्यग्र हैं
बनाने को फिर अपना परसों कल और आज
आज पतन की दिशा बताने पर शक्तिवान
करते हैं कोलाहल तोड़ दो तोड़ दो
तोड़ दो झोपड़ी जो कड़ी है अधबनी
फिजूल था बनाना जिद समता की छोड़ दो
एक दूसरा समाज बलवान लोगो का
आज बनाना ही पुनर्निर्माण है
जिनका अधिकार छीन जिन्हें किया पराधीन
उनको जी लेने का मिलता प्रतिदान ।[152]

Había un tiempo cuando solía contar
cuánto ha sido destruida toda mi sociedad
Entonces supe que la gente estaba ansiosa
por dar forma a su pasado, presente y futuro
hoy, al advertir el camino de la decadencia

[151] Sahay. «Dhīra dhara gayā agara» en *Raghuvīr Sahāy Racanāvalī* 1, 84.

[152] Sahay. «Ēka samaya thā» en *Raghuvīr Sahāy Racanāvalī* 1, 324-25.

los poderosos están ansiosos por destruirte
para destruir tus viviendas
Era inútil insistir por la igualdad
hoy, a la creación de una nueva sociedad de los poderosos
se la llama reconstrucción.
Cuyos derechos han sido arrebatados,
a esos se les permite vivir en compensación. (traducido por mí)

Al echar una ojeada a los poemas de Sahay, se halla el reflejo de una clara conciencia social en los mismos. Como con la poesía de Neruda, la de Sahay es igualmente loable en cuanto al compromiso hacia la sociedad, hacia el pueblo común. Indudablemente, en su poesía, subyacen las voces, el poder, el acervo de la sociedad. Raghuvir Sahay fue un poeta que vio su papel principalmente como un «guardián de la conciencia»[153] y lo llevó a cabo extraordinariamente bien a través de sus poemas.

La conciencia social y las preocupaciones de un poeta parecen ser significativas cuando reconocemos que descuidar el contexto social en la era problemática de hoy es un grave crimen humano. Por lo tanto, es muy importante para la literatura y la sociedad investigar las referencias sociales de la literatura. Cada autor o poeta tiene una responsabilidad, un deber hacia la sociedad. «La literatura es un espejo de la sociedad» - la amplia aceptación de esta opinión es también una prueba de ideología que surge de esta responsabilidad. El conocimiento del comportamiento interno de la sociedad se puede encontrar en una buena composición literaria. Y, en vista de lo discutido anteriormente, es evidente que la poesía tanto de Neruda como de Sahay está profundamente enraizada en la sociedad y caracterizada por una gran conciencia social, que contribuye a la riqueza de sus respectivas literaturas.

Lenguaje y forma: Sencillez y coloquialismo

La poesía se hace del lenguaje de sabiduría porque relaciona las experiencias y observaciones de la vida humana y el universo que nos rodea. También es un vehículo de pensamiento, sentimiento y espíritu disfrazado de palabras que a menudo son muy sutiles, vagas, misteriosas, y tiene varias capas

[153] Kuldeep Kumar. «Remembering the conscience keeper», *The Hindu*, 9 de Febrero de 2018, https://www.thehindu.com/books/remembering-the-conscience keeper/article22695127.ece (accedido 9 de Febrero d 2018).

de significado. Cuanto más se lee y relee un poema, más se hace aparente. La poesía puede revelar muchas cosas a un lector, pero también puede ocultar muchas cosas. Un poema refleja las elecciones realizadas consciente o inconscientemente acerca de la posición del sujeto, la afiliación comunitaria y las actividades de decodificación de significado de autoentendimiento representadas en la lengua escrita, que contribuye a interpretar la identidad poética.

Una de las características de la poesía es que conlleva un lenguaje único que combina y usa palabras para transmitir significado y comunicar ideas, sentimientos, sonidos, gestos, signos y símbolos. El ensayista Lyn Hejinian en su libro *The Language of Inquiry*, recoge sus ensayos escritos durante los últimos veinticinco años. En su introducción, ella discute el lugar del lenguaje en las obras literarias: "Language is nothing but meanings, and meanings are nothing but a flow of contexts. Such contexts rarely coalesce into images, rarely come to terms. They are transitions, transmutations, the endless radiating of denotation into relation."[154]

«El lenguaje no es más que significados, y los significados no son más que un flujo de contextos. Tales contextos rara vez se unen en imágenes, rara vez llegan a un acuerdo. Son transiciones, transmutaciones, la interminable irradiación de denotación en relación».

En cuanto a indagar el lenguaje poético de Neruda y Sahāy, cabe mencionar que en las obras líricas de ambos poetas, el lenguaje desempeña un papel muy significativo y sobresaliente. Para entender adecuadamente la poesía de los poetas chileno e hindú se necesita estudiar conjunto de aspectos en este ámbito. Al iniciar con Pablo Neruda, hay que reconocer que el poeta chileno es definitivamente un poeta poscolonial que se ha convertido en la figura principal al retratar las condiciones socio-políticas y socio-culturales de su época contemporánea. Una lectura atenta a la obra de Neruda muestra que cuestiones como la lingüística y las transposiciones culturales, la pérdida, la alienación, el desplazamiento y los conflictos sociales y políticos se encuentran en sus poemas. En su lenguaje yace lo fenoménico de la visión poética en la arena de la literatura universal. Emplea varias imágenes, símiles, metáforas y símbolos para transmitir su punto de vista a sus lectores: los lectores de la tierra común. En realidad, Neruda se presentó a sus contemporáneos como un poeta más cercano a la conciencia que a la filosofía.

[154] Lyn Hejinian. *The Language of Inquiry* (California: Universidad de California, 2000), 2.

Él era un poeta que estaba más cerca del dolor que del intelecto y más acostumbrado a la sangre que a la tinta.

La visión poética de Neruda nunca fue estática. Cada vez que se necesitaba un cambio, él se ajustaba a las exigencias de su de alrededor. Al principio en sus poemas se encuentra una extensa y vívida exploración de la naturaleza. Neruda escribió poemas sobre las cosas que amaba: lo que hacían sus amigos en el café, lo que ocurría en el mercado y cosas que vio en la naturaleza misma. Escribió sobre la gente de Chile y sus historias de lucha, porque sobre todo y sobre todas las palabras, Pablo Neruda amaba a la gente. Los altibajos emocionales de la vida de Neruda se ven reflejados claramente en su poesía. Su estilo de composición, sus temas se cambian en «Residencia en la Tierra». Aquí usó muchas imágenes, metáforas para mostrar el orden social contemporáneo con un toque de ansiedad, caos, muerte, durante sus últimos años diplomáticos. Durante la guerra civil, presenció la muerte, la destrucción. El tema del amor, el impacto de la guerra, la influencia y los aspectos de Chile están muy presentes en su poesía y es consciente de que tenía que componer poemas para las gentes sencillas, por lo que sintetiza los diversos temas muy cuidadosamente. Neruda es consciente de la necesidad de cualquier comunicador a ser accesible a las masas si él o ella desea participar activamente en las luchas que dan forma a la dinámica de la sociedad. Es por eso que buscaba escribir en el lenguaje de la vida cotidiana. Actúa como mediador entre el complejo pensamiento político y la conciencia colectiva de la gente común a través de versos simplistas que emplean temas e imágenes reconocibles y relacionados. Según Jean Franco, "Neruda emphasises that the poetry must now communicate to people outside the narrow circle of poetry lovers and critics. The problem in America, Neruda believes, is to reach the immense majority of illiterate or semi-literate people."[155]

«Neruda insiste en que la poesía ahora debe comunicarse con aquella gente que está fuera del restringido círculo de amantes de la poesía y críticos. El problema en América, cree Neruda, es llegar a la inmensa mayoría de las personas analfabetas o semianalfabetas». (traducido por mí)

Después de *Canto General* el poeta se volvió más y más consciente de su lenguaje y le preocupaba la claridad de su comunicación cuando se dio cuenta de que como activista político tenía que tratar con el hombre común que es

---

[155] Jean Franco. *The Modern Culture of Latín America: Society and the* Artist (Londres: Pall Malí, 1967), 159.

analfabeto y está desinformado. Estos esfuerzos dieron como resultado la composición de sus *Odas Elementales* que consistían en líneas cortas, lo que significa una desviación radical de los poemas largos y descriptivos de otras colecciones. En contraste con otros poemas, incluido el *Canto General*, donde la naturaleza, grandes monumentos; y la historia pasada eran los temas de discusión, estas odas son un homenaje al hombre común y a los objetos ordinarios.

La sencillez y la intimidad con el pueblo, característico de la poética de Neruda llega a un nuevo nivel en *Odas elementales*. Aquí se puso en claro su dominio de la expresión y las imágenes donde elevó objetos útiles pero cotidianos a las alturas más sublimes. Su poesía cultivó la simplicidad del lenguaje y de la técnica. Su «Oda al tomate» es un maravilloso ejemplo de un poema que presenta una descripción pictórica de una ensalada en preparación a la que un lector puede agregar el significado más profundo de una cultura americana. Cada verso en este poema es en general corto, no contiene más de cuatro palabras:

Tiene
luz propia,
majestad benigna.
Debemos, por desgracia,
asesinarlo:
se hunde
el cuchillo
en su pulpa viviente,
es una roja
viscera,
un sol
fresco,[...]

sin hueso,
sin coraza,
sin escamas ni espinas,
nos entrega
el regalo
de su color fogoso
y la totalidad de su frescura.[156]

Su poder poético era tal que vinculó un elemento común a un vasto mundo en «Oda a la sal» Aquí, en este poema, él personificó la sal y creó un simbolismo que era en realidad la historia y su conexión con el mundo:

---

[156] Neruda. «Oda al tomate» en *Odas elementales*, 228.

Preservadora
de las antiguas
bodegas del navío,
descubridora
fuiste
en el océano,
materia
adelantada
en los desconocidos, entreabiertos.

Polvo del mar, la lengua
de ti recibe un beso
de la noche marina.[157]

Se puede ver en estos versos del poema que el poeta chileno emplea varias herramientas con el motivo de crear imágenes poéticas. Se personifica la sal, y a la vez, se crea un simbolismo que alude a la historia y la interconexión del mundo.

Neruda es la voz del hombre común, es un amante y activista político cuyo reflejo se ve claramente en el lenguaje de su poesía. Aunque la poesía de Neruda se caracteriza por abordar los temas profundos y serios de un modo comprometido pero, el talento poético de Neruda hace que, todo lo exprese mediante un lenguaje muy sencillo, muy cercano al pueblo. El poeta mismo, para incorporar la expresividad profunda en su poesía, quiere que ésta sea sencilla:

Sencillez,
vas conmigo ayudándome a nacer,
enseñándome otra vez a cantar,
verdad, virtud, vertiente,
victoria cristalina.[158]

También la solidaridad es otro rasgo del lenguaje. El poeta, con este propósito, emplea la estrategia del diálogo con el lector, al cual de este modo incorpora plenamente a su poesía:

Preguntaréis ¿por qué su poesía
no nos habla del sueño, de las hojas,
de los grandes volcanes de su país natal?[159]

[157] Neruda. «Oda a la sal» en *Nuevas Odas elementales,* 136.
[158] Neruda. «Oda a la sencillez» en *Odas elementales*, 216.
[159] Neruda. «Explico algunas cosas» en *Tercera residencia,* 80.

Al entender su solidaridad y fraternidad con el pueblo, particularmente con el más humilde, el poeta quiere que ellos entiendan, de los versos de sus poemas, dedicados a ellos, y a la vez, también ser él entendido por ellos:

> No escribo para que otros libros me aprisionen
> ni para encarnizados aprendices de lirio
> sino para sencillos habitantes que piden
> agua y luna, elementos del orden inmutable,
> escuelas, pan y vino, guitarras y herramientas.[160]

Propone su poema «Oda a la Crítica» como el más idóneo para manifestar la intención del poeta con referencia al uso de su lenguaje:

> Junto a mi poesía
> volvieron a vivir
> mujeres y hombres,
> de nuevo
> hicieron fuego,
> construyeron casas,
> comieron pan,
> se repartieron la luz
> y en el amor unieron
> relámpago y anillo.
> Y ahora,
> perdonadme, señores,
> que interrumpa este cuento
> que les estoy contando
> y me vaya a vivir
> para siempre
> con la gente sencilla.[161]

Es un poema extraordinario que habla de su forma simple de escribir para la gente, para el pueblo, donde critica a los que buscaron en sus letras un trasfondo político, la complejidad siniestra o el no alinearse a las ideas de «los otros». Neruda se dio cuenta de la necesidad de escribir una poesía que sea accesible, especialmente a la clase baja y por esta razón escribió con el lenguaje propio de la vida cotidiana. El mismo poeta lo acepta en una conferencia «A la paz por la poesía» cuando dice: «Nosotros escribimos para gentes sencillas y modestas que muchas veces, muchas veces, no saben leer. Sin embargo, sobre la tierra, antes de la escritura y de la imprenta, existió la poesía. Por eso sabemos que la poesía es como el pan, y debe compartirse con todos, los letrados y los campesinos, por

[160] Neruda. «La gran alegría» en *Canto general*, 523.
[161] Neruda. «Oda a la Crítica» en *Odas elementales*, 58.

toda nuestra vasta, increíble, extraordinaria familia de pueblos. Yo confieso que escribir sencillamente ha sido mi más difícil empeño».[162]

Hay poemas dedicados a los vencidos (los Republicanos), a los obreros, a mujeres y hombres humildes y oprimidos, a los mártires de los movimientos populares, a las cosas tan comunes como el tomate, la cebolla, la bicicleta, el cine rural etc. Todos estos corresponden a la metáfora de la vida y los anhelos del pueblo.

La voz de Neruda es la voz de la clase trabajadora, la voz de los campesinos y obreros de las fábricas, la gente común cuyas perspectivas fueron a menudo ignoradas. La expresión y uso coloquial del lenguaje fue muy influyente en la difusión de sus opiniones sobre la justicia social y la igualdad. Al estudiar la técnica empleada para incorporar tal sencillez y claridad en la poesía nerudiana, se observa primeramente, que el poeta utiliza un lenguaje «colloquial» y cotidiano, como lo explica la Prof. Vibha Maurya en la siguiente cita: Prof. Vibha Maurya: "Between 1952 and 1957 Neruda published several collections of poetry, namely *The Grapes and the Wind*, a private and anonymous edition of *Captain's Verses*, *Elementary Odes*, *New Elementary Odes*, *The Third Book of Odes*, *Hundred Love Sonnets*, *Estravagario* and *Navigations and Returns*. In all these collections, Neruda turns to a simple style and colloquial language to talk about objects of everyday life. When Neruda was asked to make a weekly contribution of poetry for the Venezuelan newspaper *El Nacional*, he accepted on the condition that his poems be printed in the main newspaper and not in the literary supplement. It was then that he experimented with a new form — short metre and a pleasing colloquial tone. The odes were meant for collective public readings, hence the simplicity of language and the expression of solidarity with the pain and suffering of the collective. The individual is subsumed in the collective. His «poems no longer could be a sign on the printed page, but were to be uttered and declaimed in order to elicit a response», says Jean Franco. This distinction helped Neruda understand that poetry by nature cannot be a private act, being a form of speech meant that it belonged to the public domain."[163]

«Entre 1952 y 1957, Neruda publicó varias colecciones de poesía, a saber, *Las uvas y el viento*, una edición privada y anónima de *Los versos del capitán*, *Odas elementales*, *Nuevas Odas elementales*, *El tercer libro de las Odas*, *Cien sonetos de amor*, *Estravagario* y *Navegaciones y regresos*. En todas estas colecciones, Neruda recurre a

[162] Margarita Aguirre. *Las vidas de Pablo Neruda* (Santiago: Zig Zag, 1967) 278.

[163] Vibha Maurya and Vijaya Venkatraman. «The politics of poetry: Remembring Pablo Neruda», *Frontline* 21, 2004, https://www.frontline.in/static/html/fl2117/stories/20040827001108400.htm (accedido 18 de Marzo de 2017).

un estilo simple y un lenguaje coloquial para hablar sobre los objetos de la vida cotidiana. Cuando se le pidió a Neruda que hiciera una contribución semanal de poesía para el periódico venezolano *El Nacional*, aceptó con la condición de que sus poemas se imprimieran en la parte principal y no en el suplemento literario. Fue entonces cuando experimentó con una nueva forma: metro corto y un tono coloquial agradable. Las odas estaban destinadas a lecturas para el público en general, de ahí la sencillez del lenguaje y la expresión de solidaridad con el dolor y el sufrimiento de la gente. El individuo está subsumido en el colectivo. Sus «poemas ya no pueden ser un signo en la página impresa, sino que deben ser pronunciados y declamados para obtener una respuesta», dice Jean Franco. Esta distinción ayudó a Neruda a entender que la poesía por naturaleza no puede ser un acto privado, ya que al ser una forma de discurso ya significaba que pertenecía al dominio público». (traducido por mí)

En segundo lugar, sus poemas generalmente dependen de los recursos de la oratoria - la repetición y los largos pasajes en forma de letanía, destinados a lecturas en voz alta, para llegar a un público menos educado. Es por estos rasgos, que la poesía nerudiana recibe las características de accesibilidad y comprensibilidad, las cuales posibilitan que los valores y las luchas de una época se transmitan a las generaciones posteriores. Todos estos aspectos del lenguaje del poeta chileno ponen claramente de manifiesto la intimidad de su poesía y el sentido de pertenencia y responsabilidad hacia el pueblo.

Dejando a Neruda por ahora, entramos en el mundo de la literatura hindi donde hallamos la figura destacada de Raghuvir Sahay dentro del marco de la poesía de compromiso. Hay que tener en cuenta que Sahāy trae consigo un bagaje de genio individual que no cabe en ninguna escuela progresista, romántica o moderna, que se pueda comparar con la de Neruda. Por un lado es distinta en Raghuvir la forma en que yuxtapone lo personal con lo impersonal debido a su profunda simpatía humana, la aparente sencillez de su lenguaje y el dominio completo sobre el arte poético. Para sus lectores, Sahay es un poeta humanista profundamente comprometido con un dominio poco común sobre el lenguaje, el estilo y la expresividad. Raghuvir Sahay es el poeta hindú que creó un nuevo tipo de conciencia poética en la poesía hindi. Era un poeta moderno y progresista, pero no estaba a favor del modernismo occidental. Rechazó el progresismo tradicional también. Creó una nueva expresión *janwadi*, en la cual el pueblo resulta la motivacion de creacion. Su estilo satírico es muy poderoso:

राष्ट्रगीत में भला कौन वह
भारत-भाग्य-विधाता है

फटा सुथन्ना पहने जिसका
गुन हरचरना गाता है। [...]

कौन-कौन है वह जन-गण-मन
अधिनायक वह महाबली
डरा हुआ मन बेमन जिसका
बाजा रोज बजाता है।[164]

¿Quién es el creador del destino de la India?
en el himno nacional
cuyo elogio
canta Harcharna. [...]

¿Quién es esa persona
que reside en el corazón de nosotros?
¿Quién es ese gran líder poderoso
cuya trompeta suena de mala gana
nuestro asustado corazón? (traducido por mí)

Él satiriza el establecimiento, el slogan mongering y el silencio ante la crisis social y política. Sus poesía resulta muy relevante desde la perspectiva político-cultural. Su visión poética es futurista y emerge poderosa, ideológicamente distintiva en la poesía contemporánea progresiva y neo-progresiva también.

Nuestro poeta hindú tiene conciencia de que hay múltiples formas ocultas de realidad que nuestro lenguaje discursivo busca mantener separadas. El intento de la poesía, por otro lado, no es solo descubrir la conexión entre estas múltiples formas ocultas, sino también traerlas al interior del lenguaje. Lo hace posible la poesía de Sahāy, la cual se esfuerza constantemente por dar voz a la multitud, a las masas mediante su lenguaje extraordinario. Cuando analizamos los poemas de Sahāy, hallamos todo lo que concierne al «poeta de la cotidianeidad», al «poeta del pueblo» :

यही मेरे लोग हैं
यही मेरा देश है
इसी में रहता हूँ
इन्हीं से कहता हूँ
[..] तमाम लोग
खुश और असहाय

164 Raghuvir Sahay. «Adhināyaka» en *Raghuvīr Sahāy Racanāvalī* 1, 111.

उनके बीच सहता हूँ उनका दुःख[165]

Estas son mi gente,
este es mi país,
moro aquí mismo,
hablo sólo con estas personas.
Viviendo en medio de mi pueblo
feliz y abatido
sufro las miserias suyas. (traducido por mí)

Idiomático, casto y coloquial, tales rasgos de su dicción muestran el poder de un lenguaje arraigado y a gusto, en la cultura milenaria de la India. El intento principal de la poética de Raghuvir Sahay es establecer su identidad distinta, descubrir su propio lenguaje poético. Y, todos estos rasgos distintivos que el poeta quiere incorporar en su poesía por medio de un lenguaje simple, sencillo, accesible y comprensible.

El poeta quiere llegar a la gente común usando un lenguaje ordinario. Describe los sucesos cotidianos y las situaciones ordinarias en un lenguaje coloquial. Pretende revelar la conciencia de sus nuevas obligaciones como poeta que escribe acerca de las complejas situaciones de hoy:

कुछ होगा
कुछ होगा अगर मैं बोलूँगा
न टूटे
न टूटे तिलिस्म सत्ता का
मेरे अन्दर एक कायर टूटेगा[166]

Sucederá algo,
sucederá algo si hablo yo
que este hechizo de poder no muera,
morirá un cobarde dentro de mí. (traducido por mí)

Parece que no encuentra ninguna ayuda en el lenguaje literario existente creado de antemano y, por lo tanto, para obtener un nuevo lenguaje, se esfuerza constantemente por lograr una expresión creativa con las palabras simples y habituales que se hablan en su sociedad. El compromiso de Sahay con la realidad y las luchas de la gente común afecta no solo el tema de su poesía sino también a

[165] Sahay. «Apanē āpa aura bēkāra» en *Raghuvīr Sahāy Racanāvalī* 1, 119.
[166] Sahay. «Ātmahatyā kē viruddha» en *Raghuvīr Sahāy Racanāvalī* 1, 144.

su lenguaje. La cualidad más llamativa del lenguaje de Sahay es su capacidad para comunicarse. Recurre a un vocabulario sencillo y directo de habla cotidiana. Como señala Agyeya: "सहाय की कविता में, ऐसी एक भी पंक्ति नहीं है जो संवाद करने में असफल रही हो, जो अस्पष्ट या समझने में मुश्किल हो।"[167]

«En la poesía de Sahay, no hay ni una sola línea que no consiga communicarse, que sea oscura o difícil de entender». (traducido por mí)

Sin embargo, es fácil dejarse engañar por la simplicidad del lenguaje de Raghuvir Sahay; Imita el ritmo y los patrones del habla cotidiana, pero está cincelado con habilidad. Su poesía posee la extraordinaria habilidad de dar a los eventos ordinarios y al lenguaje cotidiano con un nuevo poder. Se destaca el poeta hindú por su lenguaje vivo y sencillo, muy del pueblo, cargado de sentimientos profundos. Igual que Neruda, las obras de Sahay también poseen tajantemente y firmemente el rasgo de lenguaje muy sencillo, muy de pueblo y de vida ordinaria. Lo que las multitudes de su público admiraban en Sahay era su perenne juventud creativa y el arraigo elemental de su lenguaje.

Raghuvir Sahay es muy cauteloso hacia su oficio. Infundir simplicidad, compasión y realismo a través del lenguaje simple es una característica propia de sus poemas. La mayor distinción del lenguaje poético de RaghuvirSahay es que ha utilizado lo menos posible las figuras retóricas, las imágenes, etc. Su lenguaje poético no cuenta con figuras del habla y elementos ornamentales del lenguaje. De hecho, la franqueza, la ironía y la sátira son elementos del lenguaje poético de Raghuvir Sahay, que lo convierten en un poeta poderoso:

एक दिन इसी तरह आएगा - रमेश
कि किसी की कोई राय न रह जाएगी - रमेश
क्रोध होगा पर विरोध न होगा
अर्जियों के सिवाय – रमेश
खतरा होगा खतरे की घंटी होगी
और उसे बादशाह बजायेगा - रमेश ।[168]

Vendrá un día como éste- Ramesh
A nadie se le permitirá opinar - Ramesh
Habrá ira, pero no habrá oposición
salvo apelaciones y peticiones - Ramesh

[167] Raghuvir Sahay. *Sīṛhiyoṃ para dhūpa meṃ Sīrhiyo par dhūp mein* (Kashi: Bhartiya Gyanpeeth, 1960), 3.
[168] *Sahay.* «Ānēvālā khatarā» en *Racanāvalī* 1, 160.

Habrá peligro,
habrá alarma
y el emperador
hará sonar la alarma - Ramesh. (traducido por mí)

Igual que los poemas de Neruda, los de Sahay también pretenden arraigarse en la vida de la gente común, dedicando unos cuantos poemas metafóricos sobre hombres ordinarios como Harchana (हरचना), Ramdas (रामदास), Maiku (मैकू), Musaddilal (मुसद्दीलाल), Battu (बट्टू) y cosas elementales como el agua, los árboles, los pájaros etc. Además, Pablo Neruda conocía la poesía francesa y otras literaturas clásicas, aparte de la española. Pero no se sintió incentivado y conmovido por los modelos literarios clásicos. Prefirió escribir sus obras empleando un lenguaje muy sencillo, cotidiano y sin retórica para que el pueblo ordinario pudiera leerlas y entenderlas. Por esta razón, prefirió emplear los versos libres y arrítmicos en sus poemas. De la misma manera, se ve el empleo de los mismos rasgos métricos de versos libres o *mūkt chhand* en la poesía de Raghuvir Sahay con el propósito de expresar en un lenguaje muy sencillo, muy de pueblo y de vida ordinaria que sea fácilmente comprensible a la gente común.

Además tiene el don de llevar la poesía al nivel periodístico del lenguaje, manteniendo intacta su poética. La fluidez y expresividad que el poeta ha otorgado al lenguaje de la vida cotidiana, es la mayor fortaleza de su lenguaje poético. Subyacen los sentidos y las emociones profundas en versos que parecen muy sencillos. Así, los poemas de Sahay logran establecer una intimidad y un sentido de pertenencia con la gente común.

A manera de conclusión

¿Por qué la elección de la poesía? La poesía es lo mismo que un ser vivo. La poesía es una bendición para quienes la aprecian. Viaja, afecta y conmueve a uno. La poesía constituye «el espacio que nos permite conocernos a nosotros mismos y (re) experimentar las condiciones en que vivimos, así como emprender la creación de nuevas ideas y formas de percibir el mundo - todos los componentes necesarios para el continúo mantenimiento y la transformación»[169]. En la opinión del crítico ruso del siglo XIX Nikolay Chernyshevsky, la poesía de hecho ofrece la forma más objetiva de todas las formas de arte, una cualidad que a su vez otorga a la poesía el mayor potencial de cambio social.[170] Pues, qué mejor lente para acercarse a una civilización que a través de su poesía. Los periodistas ofrecen relatos de primera mano de los acontecimientos y los historiadores dan explicaciones ponderadas de las fuerzas detrás de los sucesos. Pero, se deja a los poetas a hacer frente a lo inexplicable, a examinar el corazón mismo. El poeta chileno y el hindú llegan a ser el epitome de los poetas responsables. En los capítulos anteriores conocimos sus poemas sinceros, realistas y auténticos.

Las siguientes son las palabras de Neruda, cuando el nuevo Premio Nobel ascendió al podio en Estocolmo, Suecia (1973), para pronunciar su discurso de aceptación, en el que no olvidó a su pueblo: «Preferí entregar con humildad mi servicio a un considerable ejército...que camina sin descanso y avanza cada día enfrentándose...Porque creo que mis deberes de poeta no sólo me indicaban la fraternidad con la rosa y la simetría, con el exaltado amor y con la nostalgia infinita, sino también con las ásperas tareas humanas que incorporé a mi poesía».[171]

El poeta y premio Nobel chileno Pablo Neruda continúa siendo una gran fuente de inspiración para los escritores progresistas y para amantes de la paz en todo el mundo. Abarcó el siglo y el globo con el poder de su poesía y su

---

[169] «For Rich, poetry is the space that enables us to know ourselves and to (re) experience the conditions under which we live, as well as undertake the creation of new ideas and ways of perceiving the world - all necessary components to the continual maintenance and transformation» dice Jeannette E. Riley en «The Voice Of Poetry Is Calling: Adrienne Rich's Democratic Impulse», *Soundings: An Interdisciplinary Journal* 92.3/4 (2009): 350, www.jstor.org/stable/41179252 (accedido 21 de Noviembre de 2016).

[170] Nikolay Chernyshevksy. «The Aesthetic Relations of Art to Reality», *Russian philosophy 2*, ed. James M. Edie, et al. (Chicago: Quadrangle Books, 1965), 25-27.

[171] Pablo Neruda. «Discurso de Estocolmo». *Boletín Primavera* (Santiago: 1989), 14.

humanismo. Pablo Neruda es un verdadero protagonista del drama de la continua lucha de clases de los subyugados y desposeídos de todos los tiempos.

A medida que nos enfrentamos y resistimos a nuestra propia era de egocentrismo social creciente y de nuevas complejidades e injusticias, permanece la pregunta: ¿Tiene la poesía el poder de efectuar un cambio? Neruda ilumina cómo el carácter conmovedor de la poesía puede crear un cambio a través de un esfuerzo colectivo: uno por uno, como recoger gotas, cada vez que un poema entra en contacto con la conciencia de una persona. Neruda nos ha mostrado cómo la poesía puede ser un ingrediente emocionalmente potente en los mayores esfuerzos transformadores de resistencia. La efectividad de la poesía de Neruda se demuestra por su resistencia y su tenacidad, por la frecuencia con que la gente evoca las obras del poeta como una herramienta para galvanizar, despertar y sostener en la lucha. Los casos de injusticia social, la guerra y la pérdida de la democracia liberal nos urgen a entrar en acción. Neruda adaptó espectacularmente su poesía para dar una respuesta a las crisis. Al comienzo de la Guerra Civil española, abandonó su desolada e introvertida poesía experimental en favor de un estilo decisivo, uno que obligaría a otros a la acción.

Neruda mantuvo la idea de que la poesía debía tener una función social. En esta visión comprometida, el arte y la literatura debían ser esenciales más que existenciales; La poesía no debía ser el registro íntimo de una existencia individual, era hablar a todos los hombres. Su propósito no era el describir realidades sino el de transmitir un mensaje; no para revelar, sino para persuadir. La poesía de Neruda ha trascendido a Chile y, de hecho, al mundo hispánico. Con respecto a la literatura latinoamericana, Neruda opina que su poesía tiene que desempeñar un papel esencial y urgente: participar en todos las esfuerzos sociales que tengan por objeto descubrir y expresar el mundo de Latinoamérica para forjar una mejor vida en el continente. Tal intención de poeta chileno es puesta de manifiesto por él mismo: «En cuanto a nosotros en particular, escritores de la vasta extensión americana, escuchamos sin tregua el llamado para llenar ese espacio enorme con seres de carne y hueso. Somos conscientes de nuestra obligación de pobladores y al mismo tiempo que nos resulta esencial el deber de una comunicación crítica en un mundo deshabitado y, no por deshabitado menos lleno de injusticias, castigos y dolores- sentimos también el compromiso de recobrar los antiguos sueños que duermen en las estatuas de piedra, en los antiguos monumentos destruidos, en los anchos silencios de pampas planetarias, de selvas espesas, de ríos que cantan como truenos. Necesitamos colmar de palabras los confines de un continente mudo y nos embriagaba esta tarea de fabular y de nombrar. Tal vez esa sea la razón determinante de mi humilde caso individual; y en esa circunstancia mis excesos, o mi abundancia, o mi retórica, no vendrían a ser sino actos, los más simples, del menester americano de cada día. Cada uno de mis versos quiso instalarse como un objeto palpable: cada uno de mis poemas pretendió ser un instrumento útil de trabajo: cada uno de mis cantos aspiró a servir en el espacio como signos de reunión donde se cruzaron los caminos, o como fragmentos de piedra o de madera en que alguien, otros, los que vendrán, pudieran depositar los nuevos signos».[172]

La afirmación de Neruda está bien reflejada en sus obras poéticas cuando arremete con fuerza contra las fuerzas fascistas y los regímenes dictatoriales en América Latina, cuando critica los sistemas políticos que sostienen la negación de los derechos básicos a la gente común y cuando critica la opresión, la miseria y la explotación a la que están sujetos la gente, los obreros y los trabajadores. Neruda se comunicó poderosamente con el hombre y de la mujer de la calle. Escribe claramente, en el sentido de que apela a la propia conexión emocional y personal del lector con los objetos materiales ordinarios. Neruda fue un poeta de la belleza y la tristeza, de la dignidad y el sentimiento, y siempre un poeta enamorado de la tierra y la gente. Neruda lo reconoce francamente: «Fui el más abandonado de los poetas y mi poesía fue regional, dolorosa y lluviosa. Pero tuve siempre confianza en el hombre. No perdí jamás la esperanza. Por eso tal vez he llegado hasta aquí con mi poesía, y también con mi bandera».[173]

El trabajo de Neruda tiene un valor permanente y eficaz para conseguir emancipación de la mayor parte de la humanidad de la explotación y alienación de clase y raza. Una serie de poemas de Canto general y Odas elementales revitalizan su inclusión democrática popular:

Dadme
todas las alegrías,
aun las más secretas,
porque sí así no fuera,
cómo van a saberse?
Yo tengo que contarlas,
dadme
las luchas
de cada día
porque ellas son mi canto,

[172] *Ibid*, 16.
[173] *Ibid*, 16.

y así andaremos juntos.[174]

Pablo Neruda poseía una conexión extraordinaria con su entorno y pueblo. Fue capaz de transponer esa conexión a través de su poesía. Muy hábilmente, Neruda logró reflejar los distintos aspectos del individuo y la sociedad en general, convirtiendo su poesía en un microcosmo del mundo existente. Constituyendo la voz del pueblo, la poesía nerudiana es la de un cantor que se detiene en las cosas sencillas, en los problemas del hombre, y todo su ideal lo centra en la solidaridad y fraternidad de los hombres y los pueblos:

Y me vaya a vivir
para siempre
con la gente sencilla.[175]

Cuando Neruda expresa las miserias de los hombres de la tierra, de los parias del campo y la ciudad, de los indios, de los mendicantes, de los mártires del mundo su afán es ante todo testimonial, documental. Neruda se siente emisor, intermediario de un mensaje colectivo, encomendado por el pueblo a su portavoz, poeta y militante de un partido proletario. Además el poeta siente la poesía no como una afición o como una evasión, sino como un oficio al servicio del pueblo, cuyo fin único es ayudar a que éste despierte y luche en defensa de sus derechos. Neruda es la voz del hombre común, la de un amante y activista político cuyo reflejo se ve claramente en el lenguaje de su poesía. Aunque la poesía de Neruda se caracteriza por abordar temas profundos y serios con fines comprometidos, el talento poético de Neruda hace que, todo lo exprese mediante un lenguaje muy sencillo, muy cercano al pueblo - tales rasgos contribuyen a lo esencial de su poesía de compromiso de mayor envergadura. Pablo Neruda llega ser uno de los poetas más importantes de la literatura universal y uno de los escritores más respetados de América Latina: un poeta comprometido con el pueblo y con la tierra. Su voz permanece con nosotros y lo hará durante mucho tiempo. El alcance de Neruda se halla más allá de Chile, es un poeta importante para el mundo, para la literatura universal.

Poeta provinciano,
pajarero,

[174] Pablo Neruda. «El hombre invisible» en *Odas elementales*, https://www.epublibre.org/libro/detalle/27064 (accedido 19 de Enero de 2017), 12.
[175] Neruda, «Oda a la crítica» en *Odas elementales*, 56.

vengo y voy por el mundo,
desarmado [...]

Yo, poeta
popular, provinciano, pajarero,
fui por el mundo buscando la vida:
pájaro a pájaro conocí la tierra;
reconocí dónde volaba el fuego:
la precipitación de la energía
y mi desinterés quedó premiado
porque aunque nadie me pagó por eso
recibí aquellas alas en el alma
y la inmovilidad no me detuvo.[176]

Igual que Neruda, en la literatura hindi el bardo Raghuvir Sahay recibe el reconocimiento como «un poeta responsable y comprometido» por excelencia. Es el poeta que lucha por pueblo, un poeta de resistencia y de variedad, que siempre ha puesto de relieve la lucha y el sufrimiento de la vida de su pueblo. Su poesía intenta encarnar los sentimientos y las aspiraciones del pueblo de la mejor manera posible. Su poesía no solo se acerca al pueblo, sino que lo adopta en lo esencial de su existencia. Intenta establecer una relación con la muchedumbre. De hecho, es necesario asumir las aspiraciones y las luchas del pueblo para ganar su confianza:

सारे संसार में फ़ैल जायेगा एक मेरा संसार
दो चार को छोड़
सभी मुझे करेंगे
कभी न कभी प्यार ।[177]

Mi mundo
se extenderá por todo el mundo,
dejando dos cuatro personas
todos me amarán
antes o después.

El poeta tiene muy presente su responsabilidad social. Propone una poesía vinculada con la sociedad y su tiempo. Porque es imposible la creación de una poesía si está desarraigada o alienada de la sociedad. Su poesía sueña con una sociedad en que no se haya ninguna diferencia entre las castas superiores e

[176] Pablo Neruda. «El poeta se despide de los pájaros» en *Arte de pajaros* (Buenos Aires: Losada, 1973), 73.
[177] Raghuvir Sahay. «Mērā ēka jīvana hai», *Raghuvīr Sahāy Racanāvalī* 1, ed. Suresh Sharma (Nueva Delhi: Rajkamal, 2000), 95.

inferiores, discriminación del género, intocabilidad etc. La poesía de Sahay expresa la condición del pueblo común desde la perspectiva de la conciencia social. Describe el estado social de las mujeres, niños y niñas, pobres, explotados y los que sufren. La conciencia social, en sus términos más profundos, está muy presente en los poemas de Raghuvir Sahay. Sus poemas están completamente arraigados en la conciencia social en términos más profundos. El dolor y angustia expresados en la poesía de Sahay revelan su ansiedad social.

En los capítulos anteriores hemos visto que la faceta más importante tanto de la personalidad como de la poética de Sahay es el amor y la preocupación hacia los pobres, los oprimidos, los campesinos, las mujeres y el pueblo en general. Son el amor, el profundo apego y confianza del pueblo lo que le hace ser un gran poeta en la literatura hindi. La voz original de sus poemas consiste de la realidad, que es básicamente la realidad de la India tras la independencia. Raghuvir Sahay tiene una fe profunda en la importancia de los valores democráticos para la sociedad moderna y civilizada, como la justicia y la independencia. Ha elevado la voz por donde vio vacío o falta de estos valores. Su poesía presenta una solicitud para cambiar el decadente orden social. El poeta no pone fin a su poesía simplemente simpatizando con las víctimas y expresando resentimiento contra los tiranos, sino que infunde un sentido de revolución al exponer el sistema social anarquista. La poesía de Sahay encuentra en el realismo social su motivación más profunda, en virtud de la cual, se ocupa más de los anhelos, las luchas, los sufrimientos y las realidades amargas de la sociedad, de quedar fascinada con la belleza y dedicarse a la lírica de amor y separación :

"परिणय की पीड़ा के अतिरिक्त धरा पर दु:ख हैं बहुतेरे
दृग वातायन खोलो, आंसू के परदे सरका कर देखो
कितने दु:खग्रस्त अभागों से अब तक हम थे आँखें फेरे ।[178]

Hay innumerables sufrimientos en este planeta
además de las tribulaciones de la vida matrimonial.
Abre la ventana de tus ojos, y
mire al quitar las cortinas de lágrima.
Por tanto tiempo hemos ignorado a tantas personas
abatidas y desventuradas.

---

[178] Raghuvir Sahay. «Du:kha» en *Jyotsnā*, 1948, no. 5: 67.

El poeta hindú se esfuerza constantemente por tomar más conciencia de las realidades sociales y comprender la sociedad de una manera más humana y científica. Ya que, además de ser una persona literaria, el poeta también era un conocido periodista, por lo que ha cumplido con sus responsabilidades literarias con gran eficiencia y honestidad. Él ha dado voz a la verdad a través de sus composiciones. No tenía miedo de decir la verdad. Como periodista y escritor, el poeta ha visto, experimentado y examinado muy de cerca los problemas y las discrepancias presentes en la sociedad y lo expresa con sutileza. Su poesía surge desafiando el miedo, la censura y la represión, satisfaciendo las exigencias de la poesía comprometida y progresiva de la mejor manera posible. Pues, nos enteramos de su opinión, mencionado en el capítulo 3, que "कलात्मक सृजन का मूल स्रोत सामाजिक वास्तविकता है। और परिवर्तनशील सामाजिक वास्तविकता के प्रति जागरूक रहना कलाकार का कर्तव्य है।"[179]

> La fuente básica de la creación artística es la realidad social. Y es deber del artista ser atento de la realidad social cambiante. (traducido por mí)

Debido al estrecho contacto con las realidades de la vida, su poesía se caracteriza por una representación muy genuina y conmovedora de la realidad social.

La conciencia social de un poeta resulta significativa de varias maneras. Es muy importante para la literatura y la sociedad investigar las referencias sociales de la literatura. La conciencia social surge del sentido de responsabilidad hacia la sociedad. El conocimiento del comportamiento interno de la sociedad está dado por una buena composición literaria. Y, en vista de lo discutido anteriormente, es evidente que la poesía tanto de Neruda como de Sahay está profundamente enraizada en la sociedad y se caracteriza por una profunda conciencia social, contribuyendo sustantivamente a sus respectivas literaturas.

El presente estudio al indagar comparativamente logra hallar los puntos concluyentes tanto como significativos acerca de la poética de Neruda y Sahay. Ambos poetas prometieron un compromiso con el humanitarismo, utilizando la literatura para enriquecer, dar poder y comprometerse en la búsqueda de un cambio social progresivo. Sus palabras nos atraen no como proezas intelectuales de complejidad, sino como descripciones del mundo real, de nuestro mundo común. La belleza de su lenguaje figurativo proviene de la realidad única y compleja que nos transmite. Sus poemas recrean y revelan lo que creíamos saber. Su poesía no solo es rica y conmovedora, evocadora y conmovedora, sino que

---

[179] Raghuvir Sahay. «Introducción», *Carta de Asociación de Escritores de Lucknow* (Lucknow: 1950), 1.

elevó la conciencia pública a las realidades de las injusticias que existían no solo en su patria, sino en todo el mundo.

La poesía, como es evidente, puede influir en las escenas sociopolíticas, en los individuos y en las masas y también puede llegar a influenciar el poder militar. Neruda mismo habla de la pervivencia de la poesía: «La poesía no ha muerto, tiene las siete vidas del gato. La molestan, la arrastran por la calle, la escupen y la bejan, la limitan para ahogarla, la destierran, la encarcelan, le dan cuatro tiros y sale de todos estos episodios con la cara lavada y una sonrisa de arroz».[180]

La poesía dinámica de Neruda y Sahay, y su compromiso con la justicia social forman parte de los componentes importantes del pensamiento revolucionario del siglo XX y transforman sus vidas en un ícono del siglo pasado. Su contribución beneficia a la humanidad, precisamente por su rumbo. Ambas figuras son fundamentalmente, la de un poeta social completo, en el sentido de cumplimiento de sus obligaciones como hombres contemporáneos. Tanto la vida de Neruda como la de Raghuvir Sahay estaban completamente consagradas a la causa de la humanidad. Representan su tiempo con dignidad y con una comprensión completa del mundo. Los dos poetas comprometidos cuidaron de su país, de su continente y de su gente, los cuales fueron su motivación, su orgullo y la audiencia más importante para su poesía. Fueron poetas y patriotas, y verdaderos hombres de conciencia social del siglo XX.

Uno puede asociar la poesía de Neruda y Sahay con la política mundial. Sus poemas se extienden a través de las fronteras del tiempo y del espacio; expresan las ideas de un cambio constructivo en la sociedad y demuestran el poder de la palabra escrita. Los poetas en discusión no rehusaron dar a su poesía un color revolucionario. Los tiempos requerían compromiso y responsabilidad en el arte y los dos aceptaron el desafío y demostraron el poder de la poesía. Podemos observar, al estudiar a sus obras en verso, que no explican lo obvio; divididos por raza, país y religión, entran en el territorio común que se ve impulsado por su sentido de responsabilidad como artistas. A pesar de provenir de diversas regiones del mundo, de hablar idiomas diferentes y de haber vivido diferentes historias políticas, se puede encontrar un sentido y propósito similar de la poesía íen los poetas que se analizan. Escriben en un lenguaje casi similar, con una motivación similar.

---

[180] Pablo Neruda. *Confieso que he vivido* (Barcelona: Seix Barral, 1974), 64.

Como le ocurrió a Pablo Neruda, la poesía de Raghuvir Sahay se trasladó de las emociones del ego interior a las emociones del mundo exterior. Sahay ya no podía verse separado de los conflictos y problemas de su tiempo. Lo que le sucedió a él le sucedió a un gran número de poetas y escritores bien establecidos de muchas partes del mundo. En la literatura mundial, si llevamos a cabo una lectura de las obras de referencia social, vemos que los artistas, los poetas casi siempre han demostrado ser activos defensores de la justicia, la igualdad y los derechos humanos. Han sido como un portavoz de alguna región en particular o incluso del mundo entero. Siguiendo este mismo rumbo, también la poesía de Neruda y Sahay adoptó una postura de compromiso social. Su poesía ha sido provocada por una conciencia creciente de los males sociales y políticos de su sociedad, alzando su voz en servicio de la humanidad:

> Pero tú no sufriste? Yo no sufrí. Yo sufro
> solo los sufrimientos de mi pueblo. Yo vivo
> adentro, adentro de mi patria, célula
> de su infinita y abrasada sangre.[181]

Evidentemente, los dos poetas son más sensibles al mundo que les que otros, y por eso es que sus obras soportan el impacto de sus tiempos. Reflejando el estado de ánimo más profundo de su época, los dos dan forma al tiempo en el que viven. Su poética espera efectuar cambios, manteniendo el equilibrio necesario entre la estética y compromiso.

En toda época de intensa transformación social, las fuerzas políticas y sociales ejercen una influencia considerable sobre el artista, que responde a estas fuerzas. En cuanto a Neruda y Sahay, no defieren tanto las formas de compromiso elegidas por ellos en una época de controversia. Las consecuencias estéticas de sus elecciones dan lugar a la poésia de referencialidad social por excelencia.

Creen que la poesía no solo está involucrada, enredada con la existencia humana, sino que también tiene poder revolucionario, sus escritos demuestran la capacidad de la poesía de crear, desafiar, recuperar y mantener nuestra democracia. Son los poetas que diseñaron su arte para librar a la gente de la injusticia e infundirles la fuerza para continuar. Claramente, buscan representar

---

[181] Neruda, «Yo no sufrí» en *Canto general*, 431.

una visión de la revolución desde diferentes ángulos, con relatos sofisticados acerca del poder, clase y representación. Ambos parecen validar la posición crucial del poeta en la cultura moderna: su trabajo no puede estar aislado de la comunidad, y siempre continuará siendo una voz potente en tiempos de necesidad.

Esta presencia social, del carácter dinámica, de la poesía, nos llama a la acción, compromete nuestros sentidos, desafía nuestra apatía y nos introduce en el flujo y reflujo del mundo. Ambos poetas han logrado cumplir con las exigencias de la poesía comprometida y progresiva así como preservar el equilibrio de la estética y el compromiso a través de su poesía de la mejor manera posible. Sus obras se seguirán leyendo una y otra vez y continuarán influyendo y motivando a muchos.

En una época de violencia, agitación económica y un mundo global cambiante, su poesía nos muestra cómo ella puede influir en el futuro de la literatura y de la sociedad en general. Las respectivas literaturas de ambos poetas continuarán siendo reconocidas e inspiradoras de una poesía que evolucionó con la conciencia social y ayudó significativamente a expandir la conciencia revolucionaria de la gente. Y, por esta razón, su poesía seguirá brillando con el pasar de los años y de las décadas.

BIBLIOGRAFÍA

Achebe, Chinua. *Morning Yet on Creation Day*. London: Heinemann, 1975.

Aguirre, Margarita. *Las vidas de Pablo Neruda*. Santiago: Zig Zag, 1967.

Agyeya, ed. *Dūsrā Saptak*. Nueva Delhi: Bhartiya Gyanpeeth, 1996.

Alazraki, Jaime. *La Estructura de la Oda Elemental - Análisis crítico a la obra nerudiana*. 2003. 12 Febrero 2017. <https://www.neruda.uchile.cl/critica/alazraki.html>.

Alonso, Amado. *Poesía y estilo de Pablo Neruda: Interpretación de una poesía hermética*. Buenos Aires: Editorial Losada, 1940.

Alonso, Marina, Rosario Mora et. al. "Las Odas Elementales de Pablo Neruda." 2001. *Centro Virtual Cervantes*. 9 de Diciembre de 2016. <https://cvc.cervantes.es/literatura/cauce/pdf/.../cauce_01_009.pdf>.

Amoros, Mario. *Neruda - El príncipe de los poetas*. Madrid: Penguin Random House , 2015.

Arango, Manuel Antonio. "Historia, intrahistoria y compromiso social en siete poetas Hispánicos : Rubén Darío, Federico García Lorca, Nicolás Guillén, Manuel del Cabral, Palés Matos, César Vallejo y Pablo Neruda." *Caribbean Studies* 18 (2007): 17.

Ballesta, J. Cano. "La poesía comprometida y su contexto sociológico en la España de los años 30." 2003. *Centro Virtual Cervantes*. 18 de Agosto de 2017. <https://cvc.cervantes.es/literatura/aih/pdf/04/aih_04_1_026.pdf>.

Barry, Peter. *Beginning theory: an introduction to literary and cultural theory*. Manchester: Univ. de Manchester, 2002.

Bethell, Leslie, ed. *A Cultural History of Latin America: Literature, Music and the Visual Arts in the 19th and 20th Centuries*. Cambridge: Editorial Universitaria de Cambridge, 1998.

Bhattacharya, Navarun. "Yeh mṛtyu upatyakā nahī hai mērā dēs." Bhattacharya, Navarun. *Yeh mṛtyu upatyakā nahī hai mērā dēs*. Nueva Delhi: Radhakrishna Prakashan, 1985.

Bizzarro, Salvatore. *Pablo Neruda: All Poets the Poet*. New Jersey: Scarecrow Press, 1979.

Bleiker, Roland. *Aesthetics and World Politics : Rethinking Peace and Conflict Studies*. Hampshire: Palgrave Macmillan, 2009.

—. *Aesthetics and World. Politics : Rethinking Peace and Conflict Studies*. Berlin: Springer, 2009.

—. "Pablo Neruda and the struggle for political memory." *Third World Quaterly* 20.6 (1999): 1129-1142. 18 de Enero de 2017. <http://www.jstor.org/stable/3993662>.

Bockstael, Eric. "An Interview with Pablo Neruda." *Memorious : A Journal of New Verse and Fiction* 4 (2005). 21 de Enero de 2017. <www.memorious.org/?id=76>.

Briones, Edmundo Olivares. "Pablo Neruda : los caminos de América." 2004. *Memoria Chilena.* 10 de Enero de 2017. <http://www.memoriachilena.cl/archivos2/pdfs/MC0052255.pdf>.

Brotherston, Gordon. "Neruda's *Canto general* and the *Great Song of America.*" *Modern Critical Views: Pablo Neruda*. Ed. Harold Bloom. Philadelphia: Chelsea House , 1989. 117-130.

Carrasco, Jorge. "La evolución política de Neruda." *Hispanista* (n.d.). 9 de Enero de 2017. <http://www.hispanista.com.br/revista/La evolución política de Neruda.pdf>.

Chattopadhyay, Aparajit. "Pablo Neruda – The balladeer of the Andes." *Mainstream* XLII.34 (2004): 23-25.

Chaturvedi, Ramswarup. *Kavitā yātrā : Ratnākara sē Raghuvīra Sahāya.* Nueva Delhi: McMillan, 1990.

Chernyshevksy, Nikolay in Russian Philosophy. "The Aesthetic Relations of Art to Reality." *Russian Philosophy*. Ed. et al. James M. Edie. Vol. 2. Chicago: Quadrangle Books, 1965. 25-27.

Costa, René de. *The Poetry of Pablo Neruda.* Massachusetts: Harvard U.P., 1979.

Cuddon, J. A. "Dictionary of Literary Terms and Literary Theory." London: Penguin, 2015.

Damrosch, David. "Frames for World Literature." *Grenzen der Literatur* (2012): 496-515. 3 de Marzo de 2017. <https://www.bu.edu/premodern/files/2012/01/DAMROSCH-Frames-for-WL.pdf >.

—. "What Is World Literature?" *World Literature Today* 77.1 (2003): 9-14. 21 de Febrero de 2017. < www.jstor.org/stable/40157771>.

—. "World Literature Today: From the Old World to the Whole World." *Symplokē* 8.1/2 (2000): 7–19. 19 de Febrero de 2017. <www.jstor.org/stable/40550471>.

Dawes, Greg. *Verses Against the Darkness: Pablo Neruda's Poetry and Politics*. Lewisburg: Bucknell UP, 2006.

Dorfman, Ariel. "Neruda frente al terror en Madrid." *El País*. 20 de Marzo de 2004. 18 Febrero 2017. <https://elpais.com/diario/2004/03/20/opinion/1079737208_850215.html>.

Duran, Manuel y Margery Safir. *Earth Tones: The Poetry of Pablo*. Bloomington: Univ. de Indiana, 1981.

Eisner, Mark. *Neruda : el llamado del poeta*. New York: HarperCollins, 2018.

Figliuoli, Eleonora M.Teresa. "Representaciones de la opresión social y la degradación medioambiental en la poética de Pablo Neruda y César Vallejo que trata la Guerra Civil Española (1936-1939)." *Undergraduate Honors Theses* 874 (2012): 09. 12 de Abril de 2017. <http://scholarworks.wm.edu/honorstheses/874>.

Foster, David William, ed. *Literatura Hispanoamericana: Una Antología*. Nueva York: Routledge, 2014.

Fowler, Roger. *A Dictionary of Modern Critical Terms*. London: Routledge and Kegan Paul, 1973.

Franco, Jean. *The Modern Culture of Latín America: Society and the Artist*. Londres: Pall Malí Press, 1967.

—. *The Modern Culture of Latin America: Society and the Artist*. New York: Frederick A. Praeger, 1967.

Gioia, Dana. "Can Poetry Matter." *The Atlantic* (n.d.). 21 de Octubre de 2016. <https://www.theatlantic.com/magazine/archive/1991/05/can-poetry-matter/305062/>.

Goic, Cedomil. *Historia y crítica de la literatura hispanoamericana*. Barcelona: Editorial Crítica, 1991.

Greene, Roland and Stephen Cushman et al. *The Princeton Encyclopedia of Poetry and Poetics*. Princeton: Univ. de Princeton, 2012.

Hart, Stephen M., ed. *Politics, Poetics, Affect: Re-visioning César Vallejo*. London: Cambridge Scholars, 2013.

Hart, Stephen. "Pablo Neruda and 'Verdadismo'." *Hispanic Research Journal* 5:3 (2004): 255-276. 9 de Febrero de 2017. <https://doi.org/10.1179/hrj.2004.5.3.255>.

Heine, Jorge. "The death of a poet." *The Hindu* 12 Abril 2013: Op-Ed. 18 de Marzo de 2017. <https://www.thehindu.com/opinion/lead/the-death-of-a-poet/article4606996.ece>.

Hejinian, Lyn. *The Language of Inquiry*. California: Editorial Universitaria de California , 2000.

Held, David. *Introduction to Critical Theory: Horkheimer to Habermas*. California: Editorial Universitaria, 1980.

Hirsch, Edward. "Poetry: Pablo Neruda." *The Wilson Quarterly* 22.2 (1998): 113-118. 18 de Mayo de 2017. <www.jstor.org/stable/40259760>.

Horosz, William. "The Crisis of Responsibility: Man As the Source of Accountability." Oklahoma: Editorial Universitaria de Oklahoma, 1975.

Hota, Arun. "Ādhunika hindī kavitā : yugīna sandarbha." *Hindi Samay* (2011). 21 Noviembre 2016. <http://www.hindisamay.com/contentDetail.aspx?id=3382&pageno=9>.

Joshi, Manohar Shyam. *Raghuvīra Sahāya : racanāoṁ kē bahānē ēka smaraṇa*. Nueva Delhi: Vani, 2003.

Khare, Vishnu. *Ālochana Ki Pehli Kitāb*. Nueva Delhi: National Publishing House, 1983.

Khilnani, Sunil. *Bhāratanāmā*. Nueva Delhi: Rajkamal, 2001.

Kumar, Krishna, ed. *Raghuvīr Sahāy Sañcayitā*. Nueva Delhi: Rajkamal, 2003.

Kumar, Kuldeep. "Remembering the conscience keeper." *The Hindu* 9 de Febrero de 2018: Op Ed. 9 de Febrero de 2018. <https://www.thehindu.com/books/remembering-the-conscience keeper/article22695127.ece>.

Kumar, Sanjay. "Uttara-ādhunikatā aura Raghuvīra Sahāya kā racanākarma." *Thesis : Escuela de Idiomas (Univ. Jawaharlal Nehru)*. Shodhganga, 1997. 9 de Febrero de 2017. <http://hdl.handle.net/10603/17813>.

Lagos, Ramiro. *Mester de rebeldía de la poesía hispanoamericana*. Madrid: Ediciones Dos Mundos, 1973.

Lal, Chaman. "Trends in Contemporary Hindi Poetry: An Overview." *Indian Literature* 36.1 (1993): 141-145. 11 de Marzo de 2017. <www.jstor.org/stable/23336845>.

Lazard, Naomi. *The True Subject*. Lahore: Vanguard Books, 1988.

Longo, Teresa. *Pablo Neruda and the U.S. Culture Industry*. New York: Routledge, 2002.

Lozada, Alfredo. "La interpretación sociopolitical de *Residencia en la Tierra*." *Journal of Inter-American Studies* 8.2 (1966): 268-278 . Enero de 9 de 2017. <http://www.jstor.org/stable/165109>.

Lukács, Georg. *The Meaning of Contemporary Realism*. London: Merlin Press, 1979.

Márquez, Roben, ed. *Latín American Revolutionary Poetry*. Londres: Monthly Review Press, 1974.

Márquez, Robert. *Poesía Revolucionaria Latinoamericana*. Nueva York: Monthly Review Press, 1974.

Mascia, Mark J. "Redefining Civilization: Historical Polarities and Mythologizing in Los Conquistadores of Pablo Neruda's *Canto General*." *Languages Faculty Publications* (2007): 10. 12 de Junio de 2017. < http://digitalcommons.sacredheart.edu/lang_fac/10>.

Maurya, Shirish Kumar. "Sabada bhēda : Raghuvīra Sahāya kā kavi karma." *Samalochan* (n.d.). 9 de Noviembre de 2017. <https://samalochan.blogspot.in/2014/05/blog-post_19.html>.

Maurya, Vibha. "Poetry, Politics And Pablo Neruda." *People's Democracy* 2004. 12 de Junio de 2017. <http://archives.peoplesdemocracy.in/2004/0808/08082004_vibha%20maurya.htm>.

Mbaye, Djibril. "Neruda y la Guerra civil Española." *Critica* (2006). Enero de 5 de 2017. <http://critica.cl/literatura/neruda-y-la-guerra-civil-espanola>.

Meera, M. "A sociological study of the poems of Sri Raghuvir Sahay." *Thesis : Dept. de Hindi (Univ. de Kannur)*. Shodhganga, 2008. 18 de Marzo de 2017. <http://hdl.handle.net/10603/110182 >.

Mill, R.D.F. Pring. "La toma de conciencia en la poesía de compromiso hispanoamericana." (2016). 21 de Marzo de 2017. <http://www.cervantesvirtual.com/nd/ark:/59851/bmcc26w0>.

Millares, Selena. *Neruda: el fuego y la fragua : Ensayo de Literatura Comparada.* Salamanca: Editorial Universitaria de Salamanca, 2008.

Mishra, Puja Kumari. "Raghuvīra Sahāya kē kāvya mēṁ rājanīti." *Thesis : Dept. de Hindi (Vishwa Bharti).* Shodhganga, 2010. 18 de Marzo de 2017. <http://hdl.handle.net/10603/123832>.

Monegal, Rodríguez y E. M. Santí. *El viajero inmóvil : Introducción a Pablo Neruda.* Buenos Aires: Editorial Losada, 1966.

Monguió, Luis. "Introducción a la poesía de Pablo Neruda." *Revista Atenea* 151.401 (1963): 65-80. 23 de Enero de 2017. <https://www.neruda.uchile.cl/critica/monguio.html>.

Morales, Juan Villegas. "Estructuras míticas y arquetipos en el Canto general de Neruda." *Ensayos Planeta de lingüística y crítica literaria* V (1976).

Moss, Daryl. *Political Poetry in the Wake of the Second Spanish Republic: Rafael Alberti, Pablo Neruda, and Nicolas Guillen.* Columbus: Editorial Universitaria de Ohio, 2010.

Mukherjee, Subrata y Sushila Ramaswamy. *Democracy in Theory and Practice.* Nueva Delhi: Macmillan, 2005.

Muktibodh. "Am̐dhērē mēṁ." (2006). 21 de Abril de 2017. <www.kavitakosh.org/muktibodh>.

Nagarjuna. *Pratibaddha hūm̐.* Kavita Kosh, 2006. 18 de Abril de 2017. <www.kavitakosh.org/nagarjun>.

Neruda, Pablo. *Arte de Pájaros.* Buenos Aires: Losada, 1973.

—. *Canción de gesta.* Havana: Impr. Nacional de Cuba, 1960.

—. *Canto General.* 1950. 23 Enero 2017. <http://www.literatura.us/neruda/general.pdf>.

—. *Confieso que he vivido.* Barcelona: Seix Barral, 1974.

—. "Discurso de Estocolmo." *Boletín Primavera* 1989: 13-18.

—. *Extravagaria.* London: Jonathan Cape, 1972.

—. *Los poetas del mundo defienden al pueblo español: Paris, 1937.* Ed. Nancy Cunard Pablo Neruda. Sevilla: Editorial Renacimiento, 2002.

—. *Nuevas Odas Elementales.* 1955. 7 de Enero de 2017. <https://www.epublibre.org/libro/detalle/27155>.

—. *Odas Elementales.* 1954. 10 de Diciembre de 2016. <https://www.epublibre.org/libro/detalle/27064>.

—. *Tercera Residencia.* 1947. 9 de Marzo de 2016. <https://www.neruda.uchile.cl/obra/residencia3.htm>.

—. *Yo respondo con mi obra : conferencias, discursos, cartas, declaraciones (1932-1959)*. Ed. Manuel J. Gutiérrez Pedro Gutiérrez Revuelta. Salamanca: Editorial Universitaria de Salamanca, 2004.

Neves, Eugenia. "El compromiso americano en la poesía de Neruda." *CEME - Centro de Estudios Miguel Enríquez* (1999). 17 de Diciembre de 2016. <http://www.archivochile.com/Homenajes/neruda/sobre_neruda/homenajepneruda0035.pdf>.

Østegaard, Ole. "La Poesía Social-Revolucionaria En El Salvador y Nicaragua : Roque Dalton, Ernesto Cardenal." *Cahiers Du Monde Hispanique Et Luso-Brésilien* 42 (1984): 41–59. 10 de Enero de 2017. <www.jstor.org/stable/40851179>.

Plekhanov, G. V. *Art and social life*. Dagenham: Lawrence & Wishart, 1974.

Prabhakaran, K. G. *Kaviyōṁ kē bahānē vartamāna para bahasa*. Nueva Delhi: Vani, 2015.

Prasad, Rajendra. *Tārasaptaka kē kaviyōṁ kī samāja cētanā*. Nueva Delhi: Vani , 1987.

Pring-Mill, R.D.F. *The scope of Spanish-American committed poetry*. Oxford: St. Catherine's College, 1977.

Pring-Mill, Robert. "El alcance de la poesía comprometida hispanoamericana." *Homenaje a Rudolfo Grossman*. Ed. Sabine Horl et al. Bern, Las Vegas: Frankfurt-am-Maim, 1977. 259-260.

Rane, Shobha Sahebrao. *Raghuvīra Sahāya kā kāvya: ēka anuśīlana*. Nueva Delhi: Pragun Publication, 2013.

Rani, Mangala Ethaiya. "Illuminating perceiving reflecting exploring and appreciating pablo nerudas voice and vision of social consciousness in his select vibrant verses." *Thesis : Dept. de English (Universidad de Periyar)*. Shodhganga, 16 de Octubre de 2015. 9 de Julio de 2017. <http://hdl.handle.net/10603/51174>.

Rathi, Girdhar. "Poetry as Art, and Much More." *Indian Literature* 28.5 (1985): 53-57. 27 Diciembre 2017. <http://www.jstor.org/stable/23334025>.

Rich, Adrienne. *Poetry and Commitment* . New York: W. W. Norton & Company, 2011 .

Riley, Jeannette E. "The Voice Of Poetry Is Calling: Adrienne Rich's Democratic Impulse." *Soundings: An Interdisciplinary Journal* 92.3/4 (2009): 347–364. 21 de Noviembre de 2016. <www.jstor.org/stable/41179252>.

Rosenstein, Ludmila L. *New Poetry in Hindi*. Nueva Delhi: Permanent Black Publication, 2003.

Sahay, Raghuvir. *Ātmahatyā kē viruddha*. Nueva Delhi: Rajkamal , 1967.

—. "Du:kha." *Jyotsna* (1948).

—. *Sīṛhiyoṃ para dhūpa meṃ : kahāniyām̐, kavitāem̐, lekha*. Kashi: Bhartiya Gyanpeeth, 1960.

Santos, Nelly. "Génesis de una concepción del compromiso poético en el Canto general." *Cuadernos Americanos* (1983): 228-245.

Sartre, Jean-Paul. *What is Literature?* Oxfordshire: Routledge, 1993.

Selden, Raman. *The Theory of Criticism*. London: Longman, 1988.

Sharma, Suresh, ed. *Raghuvīr Sahāy Racanāvalī*. Vol. 1. Nueva Delhi: Rajkamal, 2000.

—. *Raghuvīra Sahāya kā kavikarma*. Nueva Delhi: Vani, 2000.

Shelley, Percy. "The defence of poetry." *Biblioteca.org* (2012). 23 de Octubre de 2016. <http://www.biblioteca.org.ar/libros/167749.pdf>.

Shidlowsky, David. *Las furias y las penas: Pablo Neruda y su tiempo*. Berlín: Wissenschaftlicher Verlag, 2003.

Sicard, Alain. *El pensamiento poético de Pablo Neruda*. Madrid: Editorial Gredos, 1981.

Singh, Namvar. *Vāda vivāda sanvāda*. Nueva Delhi: Rajkamal, 1989.

Singh, Shamsher Bahadur. "Aṁdhērē mēṁ: ēka viślēṣaṇa." *Anhad Kriti* (2017). 12 de Agosto de 2017. <https://www.anhadkriti.com/andhere/mein_ek/vishleshan/>.

—. *Kāla tujhasē hōṛa hai mērī*. Ed. Ranjana Argare. Nueva Delhi: Vani, 1988.

Solá, María Magdalena. *Poesía y política en Pablo Neruda: Análisis del Canto general*. Michigan: Editorial universitaria, 1980.

Soler, José Carlos Rovira. "Neruda: el tiempo español de la solidaridad y el compromiso." *Biblioteca Virtual Universal* (2000). 19 de Enero de 2017. <http://www.cervantesvirtual.com/obra-visor/neruda---el-tiempo-espaol-de-la-solidaridad-y-el-compromiso-0/html/000ab534-82b2-11df-acc7-002185ce6064_2.html>.

Sosnowski, Saúl. *Lectura crítica de la literatura Americana*. Caracas: Fundación Biblioteca Ayacucho, 1997.

Squire, Heather. "Pablo Neruda." *The International Encyclopedia of Revolution and Protest : 1500 to the Present*. Ed. Immanuel Ness. Vol. 1. West Sussex: Wiley Blackwell, 2009.

Stavans, Ilan, ed. *The FSG Book of Twentieth-Century Latin American Poetry: An Anthology*. Nueva York: Farrar, Straus and Giroux, 2011.

Stewart, Gaither. *Literature: compromise and commitment*. 7 September 2002. 11 de Agosto de 2017. <https://southerncrossreview.org/20/stewartessay.htm>.

teleSUR tv. *Gabriel García Márquez entrevista a Pablo Neruda*. 1971. 10 de Junio de 2017. <https://youtu.be/1520QZIclmI>.

Tiwari, Anantkirti. *Raghuvīra Sahāya kī kāvyānubhūti aura kāvyabhāṣā*. Varanashi: Vishwavidyalaya Prakashan, 1996.

Tiwari, Ashutosh. "Raghuvīra Sahāya kī kavitā mēṁ vyakta samāja aura prakr̥ti." *Jankriti Patrika* (n.d.). 18 de Mayo de 2018. <http://jankritipatrika.in/read.php?artID=556>.

Tripathi, Vishwanath. *Dēśa kē isa daura mēṁ*. Nueva Delhi: Rajkamal, 2000.

Tripathi, Vyas Mani. "Raghuvīra Sahāya - kavitā mēṁ samāja aura samāja mēṁ kavitā kī cintā." *Rajasthan Sahitya Akademi* (2010). 27 de Febrero de 2018. <https://rsaudr.org/show_artical.php?&id=691>.

Vallejo, César. *Antología poética*. Madrid: EDAF, 1999.

Maurya, Vibha y Vijaya Venkatraman. "The politics of poetry : Remembring Pablo Neruda." *Frontline* 2004. 18 de Marzo de 2017. <https://www.frontline.in/static/html/fl2117/stories/20040827001108400.htm >.

Wang, Victor C. X. *Handbook of Research on Scholarly Publishing and Research Methods*. Hersey PA: IGI Global, 2014.

Wilson, Jason. *A Companion to Pablo Neruda: Evaluating Neruda's Poetry*. Woodbridge: Boydell & Brewer, 2001.

Young, Richard & Odile Cisneros. *Historical dictionary of Latin American literature and theatre*. Maryland: Scarecrow, 2010.

Yurkiévich, Saúl. "Mito e historia: Dos generadores del Canto general." *Revista iberoamericana* 39 (1973): 111-133. 15 de Marzo de 2017. <https://revista-iberoamericana.pitt.edu/ojs/index.php/Iberoamericana/article/viewFile/2476/2664>.

Zarate, Armando. *Literatura hispanoamericana de protesta social*. Maryland: Editorial Universitaria de América, 1994.

FSC
www.fsc.org
MIX
Papier | Fördert
gute Waldnutzung
FSC® C083411

Kolibri 360 GmbH
Ferdinand-Jühlke-Straße 7
99095 Erfurt, Deutschland
produktsicherheit@kolibri360.de

Druck:
CPI Druckdienstleistungen GmbH
im Auftrag der
Kolibri 360 GmbH
Ferdinand-Jühlke-Str. 7
99095 Erfurt